EL ÍNDICE

VORWORT

Das vorliegende Buch richtet sich an Lehrerinnen und Lehrer, die motivierendes Begleitmaterial zu verschiedenen grammatischen Strukturen und zum Wortschatz sowie Dialoge zu gängigen Alltagssituationen für die Sekundarstufe I wünschen und zudem ihre Schülerinnen und Schüler zum „Learning by doing" ermutigen wollen.

Die in der Praxis erprobten Kopiervorlagen sind lehrwerksunabhängig einsetzbar. Sie eignen sich in Einzel-, Partner- oder Gruppenarbeit als Einstieg, Übung, Vertiefung, Auflockerung, Hausaufgabe oder eigenständige Unterrichtseinheit. Die Arbeitsanweisungen sind leicht verständlich, falls nötig, werden Lösungshilfen angeboten. Separate Lösungsblätter lassen eine selbstständige Kontrolle seitens der Lernenden zu, sodass eine Binnendifferenzierung jederzeit möglich ist.

Die Arbeitsblätter bieten den Schülerinnen und Schülern durch diverse Sprech- und Schreibanreize sowie die vielgestaltigen Aufgaben- und Interaktionsformen die Möglichkeit, ihre Redemittel in unterschiedlichen Variationen und Zusammenhängen anzuwenden und zu kombinieren oder in alltäglichen, immer wieder neuen Situationen kommunikationsgerecht einzusetzen.

«Aprender español – Palabras, gramática y diálogos» zielt darauf, sowohl die Motivation, sich in einer Fremdsprache zu äußern, als auch die Freude am eigenen Können bei den Schülerinnen und Schülern zu wecken. Spielerische Aktivitäten tragen dazu bei, Spaß am Umgang mit der spanischen Sprache zu vermitteln und die Lernbereitschaft zu fördern. Gleichzeitig wird der Übungscharakter betont. Darüber hinaus werden die Lernenden mit fachspezifischen Arbeitsweisen und Lerntechniken, z. B. zur Wortschatzaneignung, vertraut.

Die von mir erstellten Materialien sollen eine Anregung sein, Ihren Spanischunterricht attraktiv, kompetent und abwechslungsreich zu gestalten. Ich wünsche allen Kolleginnen und Kollegen viel Erfolg bei der Umsetzung.

Brigitte Penzenstadler

Ropa

**1. ¿Conoces las palabras en español?
Escribe las palabras con los artículos.**

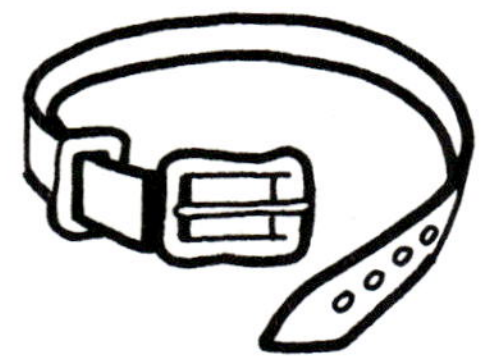
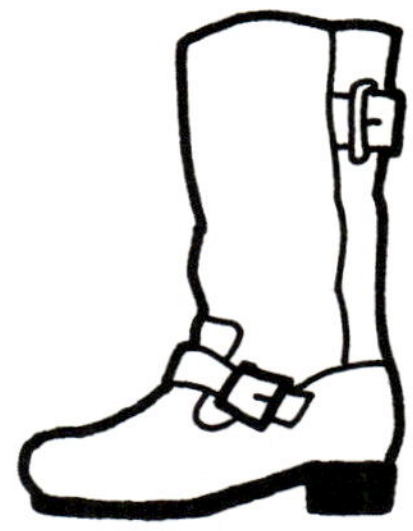

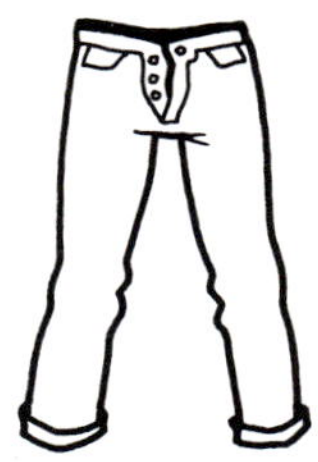

2. Escribe una frase completa con cada palabra.

Ropa

1. ¿Conoces las palabras en español? Escribe las palabras con los artículos.

los guantes

la camiseta

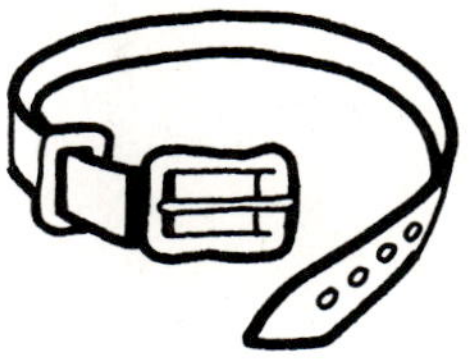

el cinturón

la bota

la corbata

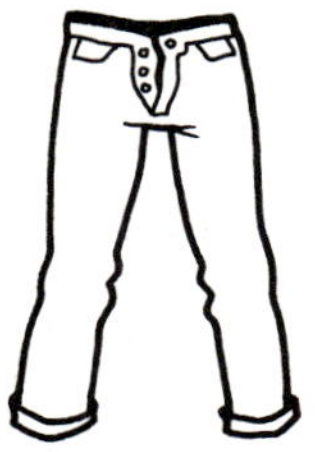

los vaqueros/ los pantalones

el sombrero

la chaqueta

la blusa

el calcetín

el vestido

el jersey

el zapato

la falda

el bolso

2. Escribe una frase completa con cada palabra.

El cuerpo

1. ¿Conoces las palabras en español? Escribe las palabras con los artículos.

2. Mira las partes del cuerpo. ¿Qué puedes hacer con ellas?

3. Escribe frases con las palabras.

El cuerpo

1. ¿Conoces las palabras en español? Escribe las palabras con los artículos.

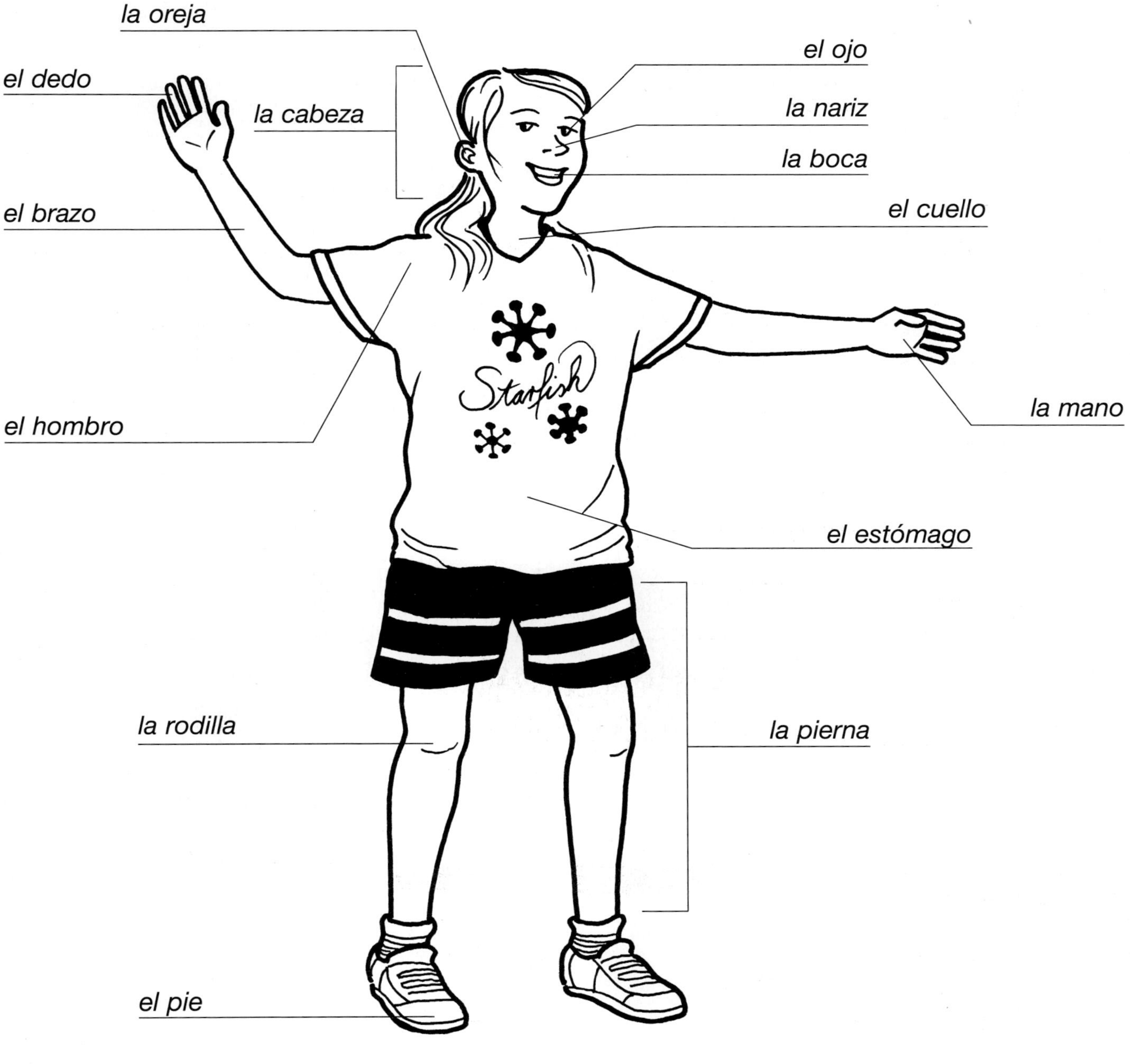

2. Mira las partes del cuerpo. ¿Qué puedes hacer con ellas?

apuntar, escribir, dibujar, ver, mirar, oír, oler, saber, comer, beber, hablar, llamar, correr, andar, tirar, ir, coger, llevar, bailar, pasear, aplaudir, rodar, pintar, observar

3. Escribe frases con las palabras.

¿Qué puedes comprar en el supermercado?

Ordena las palabras.

el tomate – la manzana – el bocadillo – el plátano – la fresa – el queso – el pastel – el yogur – la zanahoria – la nata – la salchicha – la mantequilla – la lechuga – el melocotón – el requesón – la tarta – la cereza – las galletas – el jamón – la patata – la chuleta – la judía – el pan

LA VERDURA 	
LA FRUTA 	
LOS PRODUCTOS LÁCTEOS 	
PAN Y PASTELES 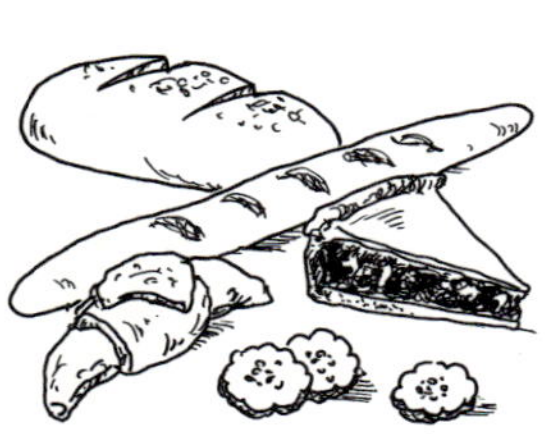	
LA CARNE 	

B. Penzenstadler: Aprender español – Palabras, gramática y diálogos

¿Qué puedes comprar en el supermercado?

Soluciones

Ordena las palabras.

el tomate – la manzana – el bocadillo – el plátano – la fresa – el queso – el pastel – el yogur – la zanahoria – la nata – la salchicha – la mantequilla – la lechuga – el melocotón – el requesón – la tarta – la cereza – las galletas – el jamón – la patata – la chuleta – la judía – el pan

LA VERDURA 	*el tomate, la patata, la judía, la zanahoria, la lechuga*
LA FRUTA 	*la manzana, el plátano, el melocotón, la fresa, la cereza*
LOS PRODUCTOS LÁCTEOS 	*el queso, el yogur, la nata, la mantequilla, el requesón*
PAN Y PASTELES 	*el pastel, la tarta, el bocadillo, las galletas, el pan*
LA CARNE 	*el jamón, la salchicha, la chuleta*

Busca las palabras y apúntalas.

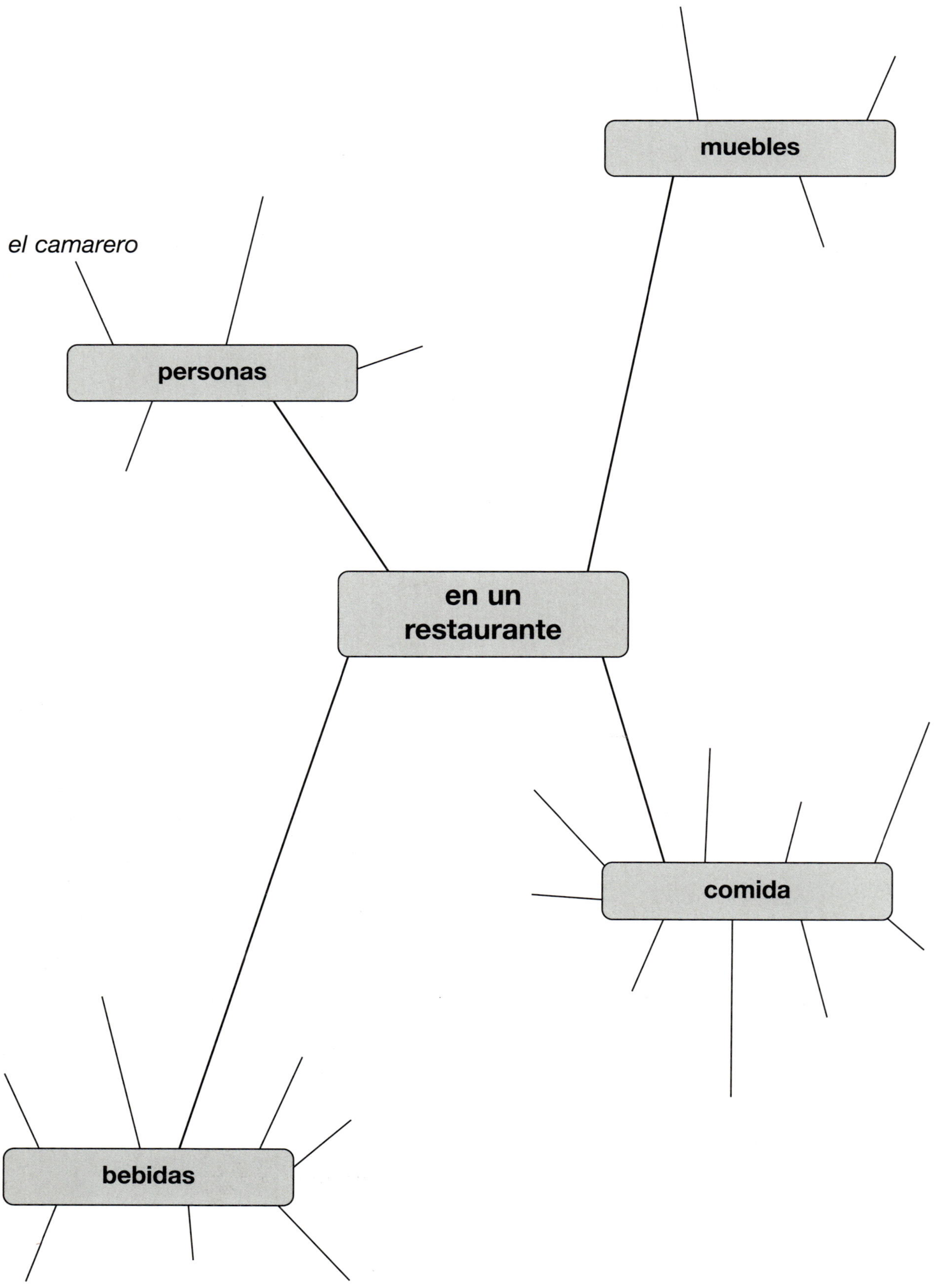

Busca las palabras y apúntalas.

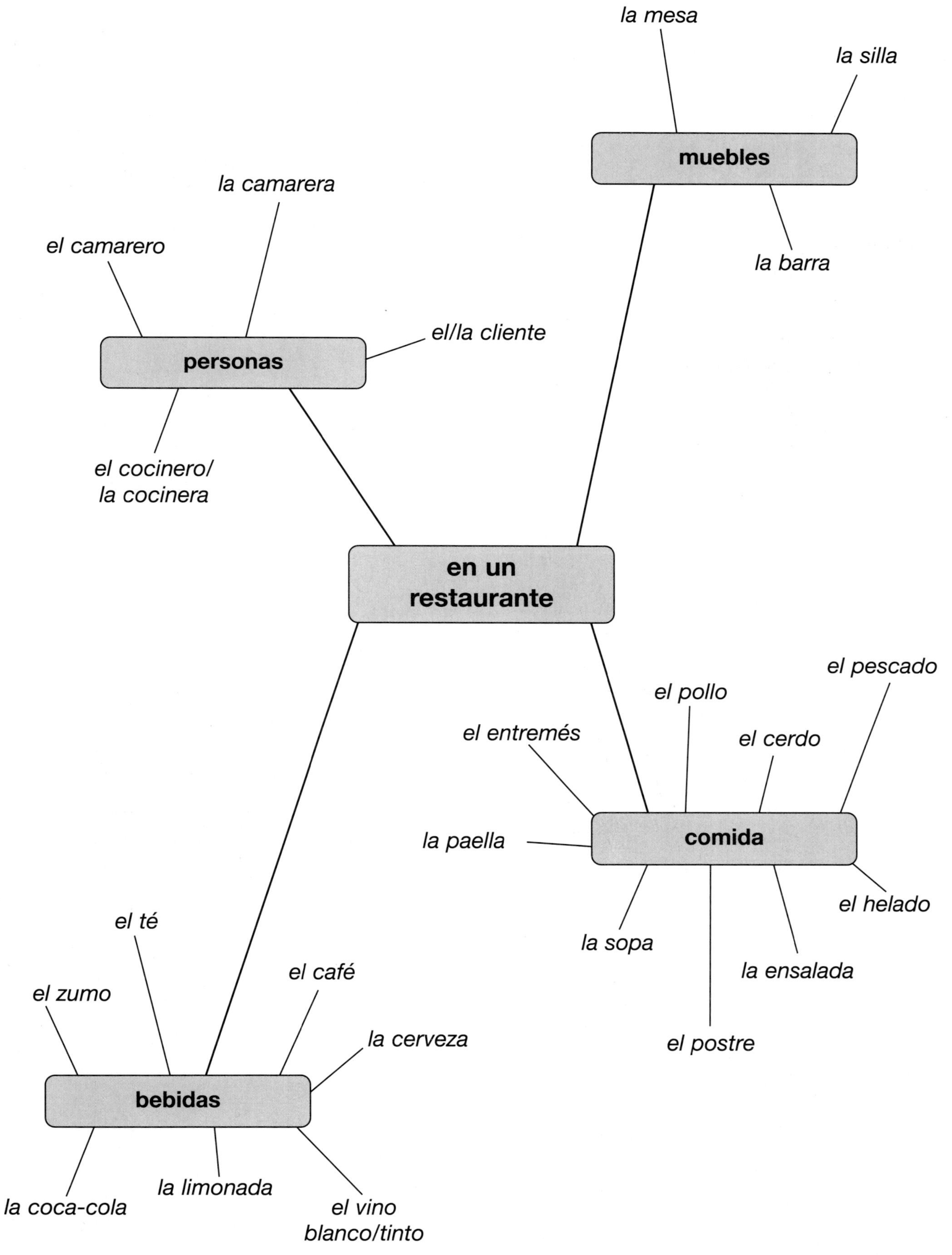

Los días de la semana

1. Lee las adivinanzas. Las letras a la derecha te ayudan con la respuesta.

a) Hoy es domingo. ¿Qué día es mañana? (ENLSU)

____

b) Mañana es sábado. ¿Qué día es hoy? (ERNVISE)

____

c) Ayer fue lunes. ¿Qué día es hoy? (RMATSE)

____

d) Hoy es lunes. ¿Qué día fue ayer? (GOMDNOI)

____

e) Mañana es domingo. ¿Qué día es hoy? (BASDAO)

____

f) Ayer fue miércoles. ¿Qué día es hoy? (VEUSJE)

____

g) Hoy es martes. ¿Qué día es mañana? (CIMRELOSE)

____

2. ¿Qué día es?

Mayo 18	Mayo 22	Mayo 24	Mayo 20
miércoles	________	________	________
Mayo 25	**Mayo 21**	**Mayo 19**	**Mayo 23**
________	________	________	________

3. ¿Qué día es hoy? _______________

¿Qué día fue ayer? _______________

¿Qué día es mañana? _______________

Los días de la semana

1. Lee las adivinanzas. Las letras a la derecha te ayudan con la respuesta.

a) Hoy es domingo. ¿Qué día es mañana? (ENLSU)

lunes

b) Mañana es sábado. ¿Qué día es hoy? (ERNVISE)

viernes

c) Ayer fue lunes. ¿Qué día es hoy? (RMATSE)

martes

d) Hoy es lunes. ¿Qué día fue ayer? (GOMDNOI)

domingo

e) Mañana es domingo. ¿Qué día es hoy? (BASDAO)

sábado

f) Ayer fue miércoles. ¿Qué día es hoy? (VEUSJE)

jueves

g) Hoy es martes. ¿Qué día es mañana? (CIMRELOSE)

miércoles

2. ¿Qué día es?

miércoles

domingo

martes

viernes

miércoles

sábado

jueves

lunes

3. ¿Qué día es hoy? **¿Qué día fue ayer?** **¿Qué día es mañana?**

¿Qué hora es?

1. ¿Qué hora es?

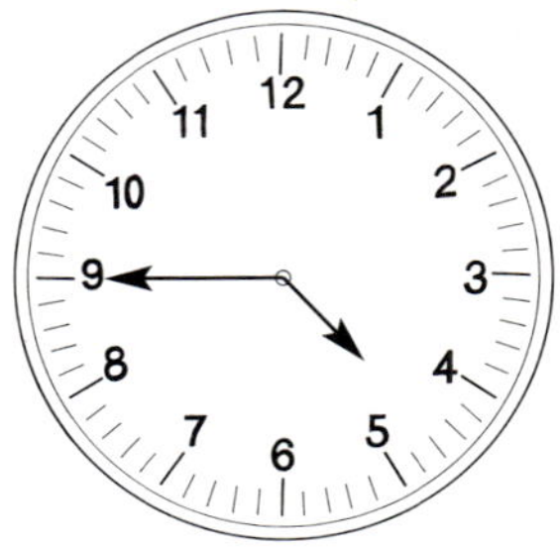

Es la una y cuarto

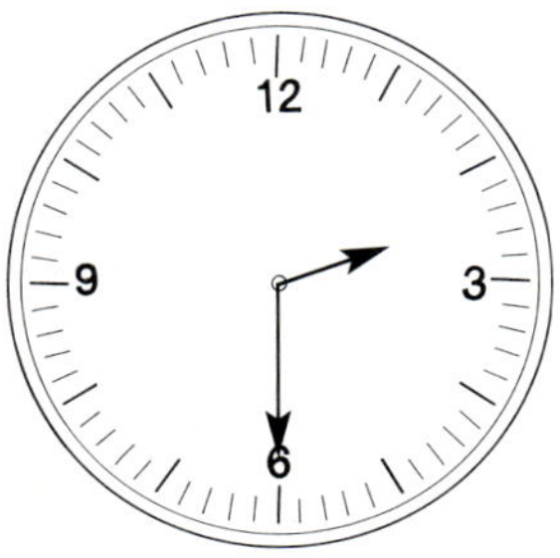

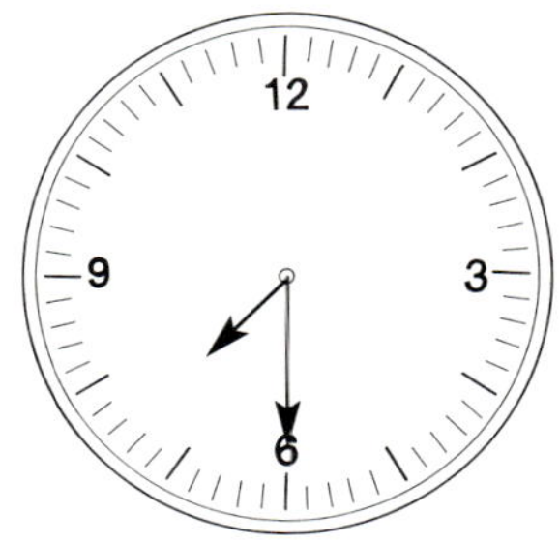

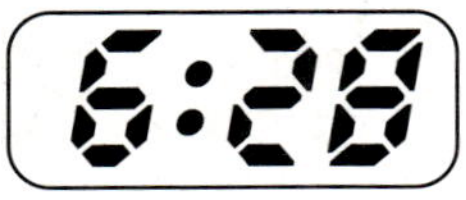

2. Dibuja la hora.

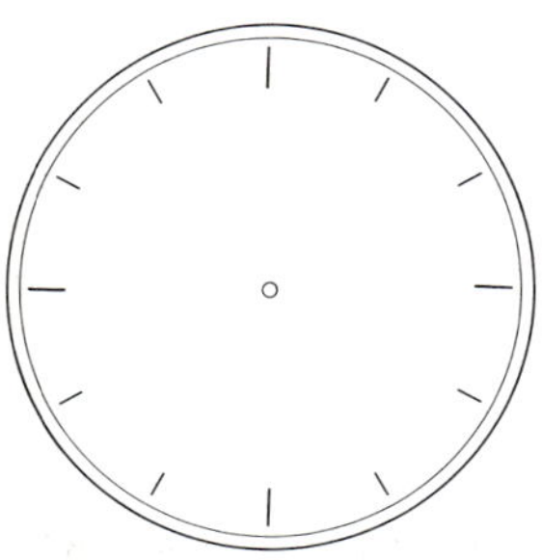
Son las tres y diez.

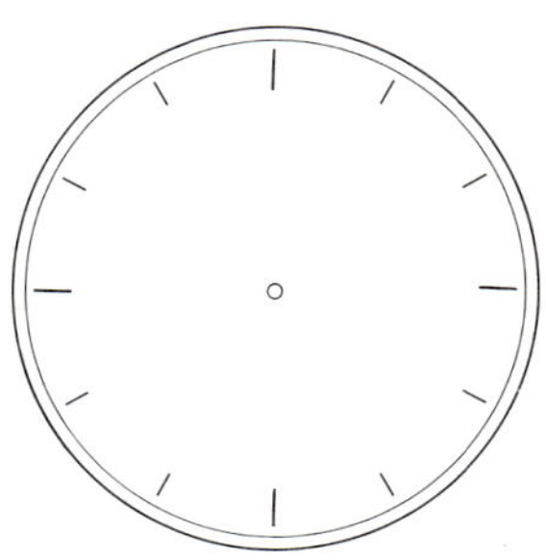
Son las diez menos veinte.

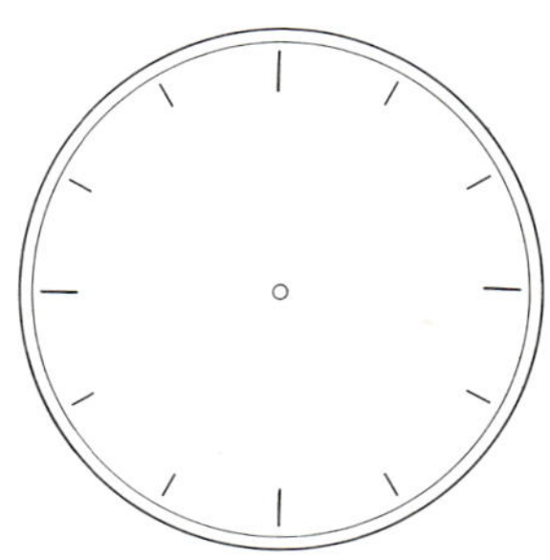
Son las doce menos cinco.

3. Produce tu propio reloj. Dibuja un círculo (ø 20 cm) en un cartón. Recorta el círculo. Escribe los números 1–12 en el reloj. Dibuja las agujas en un cartón negro y córtalas. Ahora fija las agujas en el centro del reloj.
¿Qué hora es?

B. Penzenstadler: Aprender español – Palabras, gramática y diálogos

¿Qué hora es?

1. ¿Qué hora es?

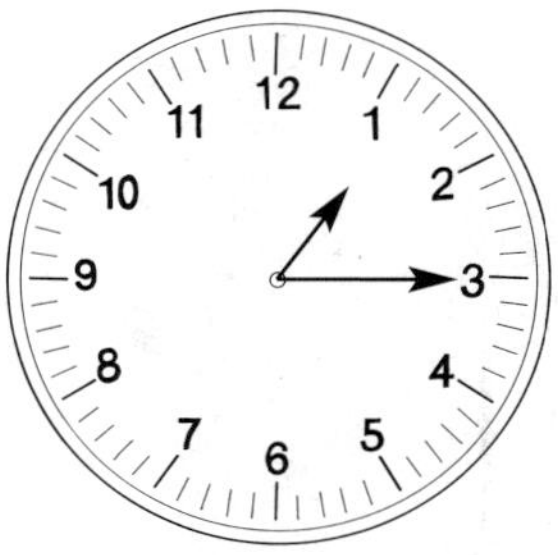

Es la una y cuarto.

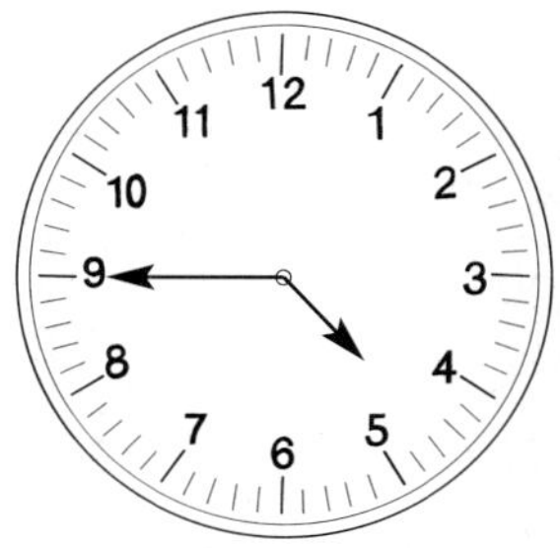

Son las cinco menos cuarto.

Son las diez.

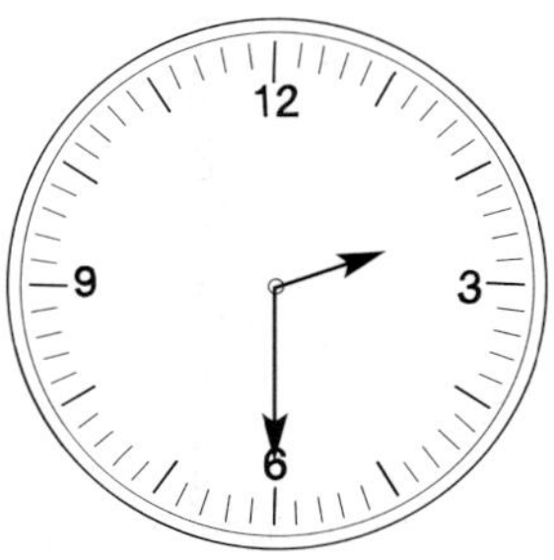

Son las dos y media.

Son las doce.

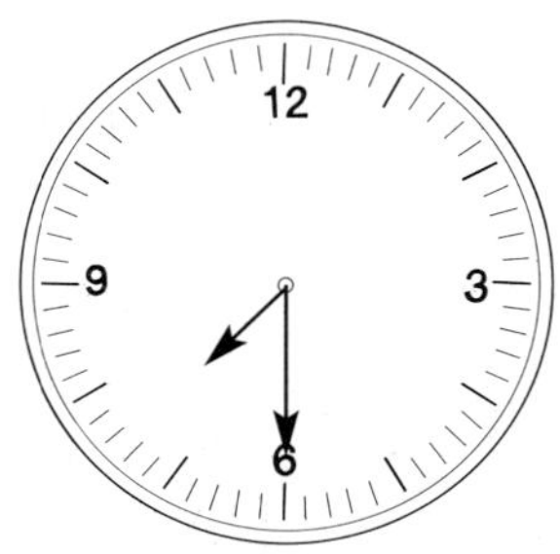

Son las siete y media.

Son las seis y veintiocho.

Son las nueve y cinco.

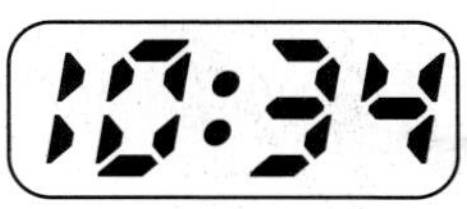

Son las diez menos veintiséis.

2. Dibuja la hora.

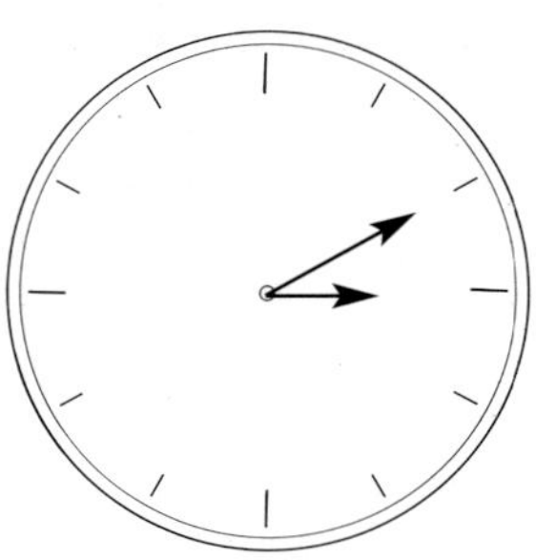

Son las tres y diez.

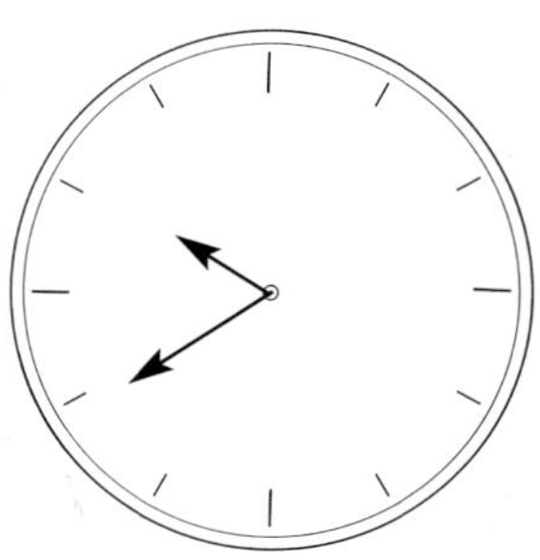

Son las diez menos veinte.

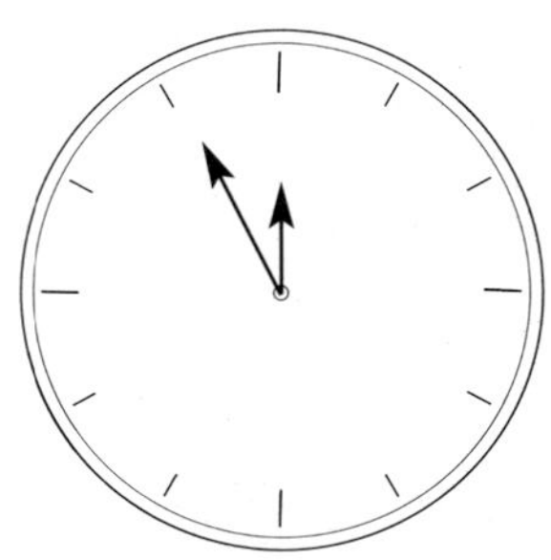

Son las doce menos cinco.

3. Produce tu propio reloj. Dibuja un círculo (ø 20 cm) en un cartón. Recorta el círculo. Escribe los números 1–12 en el reloj. Dibuja las agujas en un cartón negro y córtalas. Ahora fija las agujas en el centro del reloj. ¿Qué hora es?

El concurso de la familia

1. ¿Sabes la palabra para cada miembro de la familia?

- Eres una chica. Entonces eres la ____________ de tu madre.
- El hijo de tu madre es tu __________________ .
- El padre de tu padre o de tu madre es tu ________________.
- La madre de tu madre o de tu padre es tu ________________ .
- La hermana de tu madre o de tu padre es tu ___________ .
- El hermano de tu madre o de tu padre es tu ___________ .
- Tu padre es el ________________ de tu madre.
- Los hijos de tus tías y tíos son tus ________________.
- Los hijas de tus tías y tus tíos son tus ______________ .
- Tu madre es la ______________ de tu padre.
- Todos los miembros de una familia son ____________________ .

2. Dibuja tu árbol genealógico.

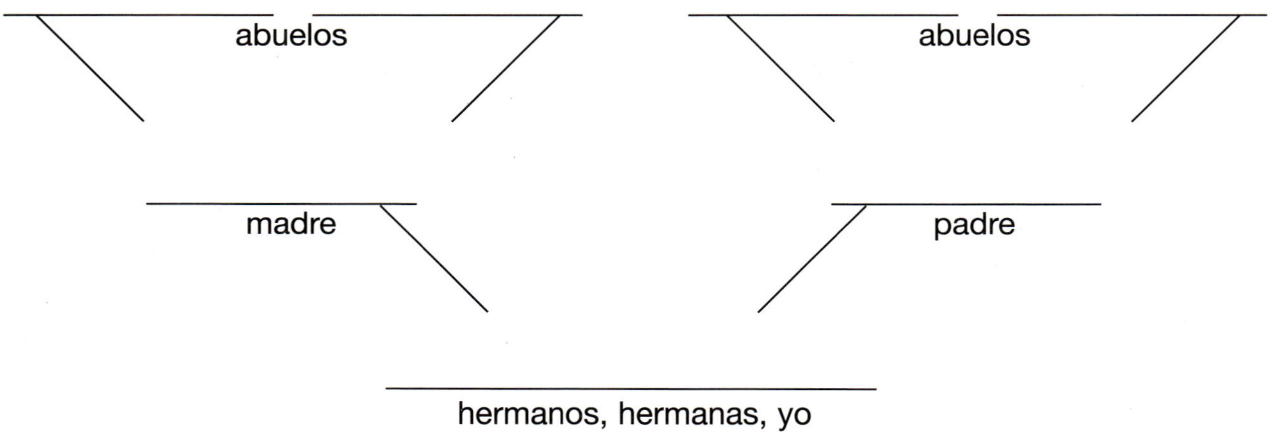

3. Escribe algunas frases sobre tus parientes.

____

____

____

____

El concurso de la familia

1. ¿Sabes la palabra para cada miembro de la familia?

- Eres una chica. Entonces eres la *h i j a* de tu madre.
- El hijo de tu madre es tu *h e r m a n o* .
- El padre de tu padre o de tu madre es tu *a b u e l o* .
- La madre de tu madre o de tu padre es tu *a b u e l a* .
- La hermana de tu madre o de tu padre es tu *t í a* .
- El hermano de tu madre o de tu padre es tu *t í o* .
- Tu padre es el *m a r i d o* de tu madre.
- Los hijos de tus tías y tíos son tus *p r i m o s* .
- Los hijas de tus tías y tus tíos son tus *p r i m a s* .
- Tu madre es la *m u j e r* de tu padre.
- Todos los miembros de una familia son *p a r i e n t e s* .

2. Dibuja tu árbol genealógico.

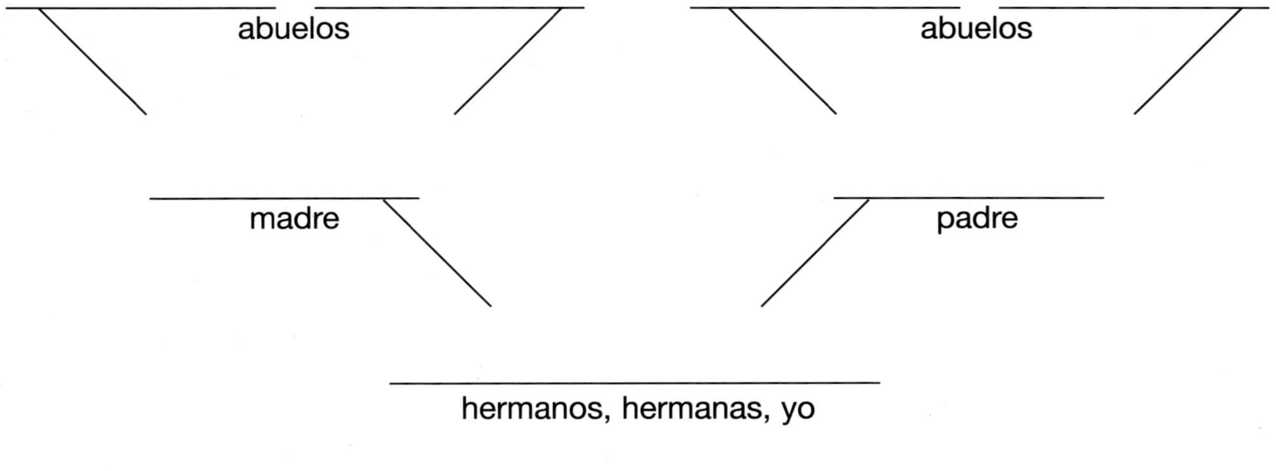

3. Escribe algunas frases sobre tus parientes.

____

____

____

____

Busca las palabras españolas.

Fahrkarte					4								
Zug	9												
Fahrplan			10										
ankommen			11										
Schaffner		8											
Bahnsteig			7										
Passagier					3								
Abteil											12		
Geld				6									
Koffer				1									
abfahren			2										

¿Quién es una persona muy importante en cada tren?

1	2		3	4	5	6		7	8		9	10	11	12
					F									

Ir en tren

Busca las palabras españolas.

Fahrkarte	B I L L (E)[4] T E
Zug	(T)[9] R E N
Fahrplan	H O (R)[10] A R I O
ankommen	L L (E)[11] G A R
Schaffner	R (E)[8] V I S O R
Bahnsteig	A N (D)[7] É N
Passagier	P A S A (J)[3] E R O
Abteil	C O M P A R T I M E (N)[12] T O
Geld	D I N (E)[6] R O
Koffer	M A L (E)[1] T A
abfahren	S A (L)[2] I R

¿Quién es una persona muy importante en cada tren?

[1] E [2] L [3] J [4] E [5] F [6] E [7] D [8] E [9] T [10] R [11] E [12] N.

Los trabalenguas

Lee los trabalenguas muy rápido y alto.

Carmen compra cuatro calcetines.

Bea busca botas blancas.

Luisa limpia las lámparas.

En las vacaciones Verena vende veinte vestidos violetas.

Ahora tú. Escribe más trabalenguas.

B. Penzenstadler: Aprender español – Palabras, gramática y diálogos

Buscar los verbos irregulares

Busca 28 verbos irregulares en la sopa de letras.
Si necesitas ayuda puedes fijarte en los verbos alemanes en el recuadro de abajo.

S	S	R	T	G	O	N	S	E	N	E	I	V	D	G	P	L
O	T	J	Y	O	T	S	E	L	B	M	F	V	O	D	I	A
Y	S	U	D	E	R	P	Y	H	N	T	M	C	S	I	P	S
P	E	O	Y	M	F	U	A	P	L	I	E	E	I	G	U	O
J	B	M	V	T	I	G	C	L	S	E	Y	N	E	O	E	M
U	A	R	L	O	O	U	J	O	N	N	M	I	G	S	D	I
E	S	E	Z	A	Y	R	M	Z	U	E	E	D	L	O	O	N
G	R	U	R	U	H	E	C	A	T	O	G	O	O	B	A	E
O	S	D	C	A	D	C	A	H	U	E	T	R	S	E	J	V
V	E	I	R	O	N	E	V	A	M	O	S	M	M	S	S	A
I	E	R	P	A	S	E	P	H	A	B	E	I	O	T	O	I
S	O	V	E	O	E	C	S	I	R	E	D	M	E	F	M	S
O	D	L	V	S	C	E	R	T	C	R	A	O	I	S	A	A
M	I	E	L	R	A	R	E	V	A	S	A	S	N	T	G	L
O	C	G	S	O	H	B	A	N	N	S	T	E	O	I	U	G
S	E	S	E	L	A	S	N	E	I	M	S	I	O	S	J	O
T	S	O	S	N	E	I	P	C	F	O	G	N	E	V	J	Y

Escribe los verbos en las líneas.

(ich) gehe – (wir) gehen – (ich) habe – (er) hat – (ich) bin – (du) bist – (wir) sind – (ihr) seid – (ich) befinde (mich) – (du) befindest (dich) – (ich) spiele – (wir) spielen – (ich) denke – (wir) denken – (ich) mache – (du) machst – (du) weißt – (ich) sage – (du) sagst – (ich) schlafe – (wir) schlafen – (ich) gehe aus – (du) gehst aus – (ich) kann – (wir) können – (ich) komme – (du) kommst – (wir) kommen

Buscar los verbos irregulares

Soluciones

Busca 28 verbos irregulares en la sopa de letras.
Si necesitas ayuda puedes fijarte en los verbos alemanes en el recuadro de abajo.

S	S	R	T	G	O	N	S	E	N	E	I	V	D	G	P	L
O	T	J	Y	O	T	S	E	L	B	M	F	V	O	D	I	A
Y	S	U	D	E	R	P	Y	H	N	T	M	C	S	I	P	S
P	E	O	Y	M	F	U	A	P	L	I	E	E	I	G	U	O
J	B	M	V	T	I	G	C	L	S	E	Y	N	E	O	E	M
U	A	R	L	O	O	U	J	O	N	N	M	I	G	S	D	I
E	S	E	Z	A	Y	R	M	Z	U	E	E	D	L	O	O	N
G	R	U	R	U	H	E	C	A	T	O	G	O	O	B	A	E
O	S	D	C	A	D	C	A	H	U	E	T	R	S	E	J	V
V	E	I	R	O	N	E	V	A	M	O	S	M	M	S	S	A
I	E	R	P	A	S	E	P	H	A	B	E	I	O	T	O	I
S	O	V	E	O	E	C	S	I	R	E	D	M	E	F	M	S
O	D	L	V	S	C	E	R	T	C	R	A	O	I	S	A	A
M	I	E	L	R	A	R	E	V	A	S	A	S	N	T	G	L
O	C	G	S	O	H	B	A	N	N	S	T	E	O	I	U	G
S	E	S	E	L	A	S	N	E	I	M	S	I	O	S	J	O
T	S	O	S	N	E	I	P	C	F	O	G	N	E	V	J	Y

Escribe los verbos en las líneas.

voy, vamos, tengo, tiene, soy, eres, somos, sois, estoy, estás, juego, jugamos, pienso, pensamos, hago, haces, sabes, digo, dices, duermo, dormimos, salgo, sales, puedo, podemos, vengo, vienes, venimos

(ich) gehe – (wir) gehen – (ich) habe – (er) hat – (ich) bin – (du) bist – (wir) sind – (ihr) seid – (ich) befinde (mich) – (du) befindest (dich) – (ich) spiele – (wir) spielen – (ich) denke – (wir) denken – (ich) mache – (du) machst – (du) weißt – (ich) sage – (du) sagst – (ich) schlafe – (wir) schlafen – (ich) gehe aus – (du) gehst aus – (ich) kann – (wir) können – (ich) komme – (du) kommst – (wir) kommen

B. Penzenstadler: Aprender español – Palabras, gramática y diálogos

Juego de deletrear

Elige una letra cualquiera.
Escribe una palabra que empiece con la letra que has elegido (p. ej. «c»).
La palabra siguiente tiene que empezar con la última letra de la última palabra.

Ejemplo: comid**a** – **a**lfabet**o** – **o**nc**e** – **e**lectricida**d** – **d**olore**s** – **s**illa

La persona que primero escriba diez palabras dice ¡alto!
Ahora corrije la ortografía. Si la palabra es correcta tú recibes un punto, cada falta cuesta un punto.
El ganador es la persona que tiene 20 o más puntos.
¡Que te diviertas!

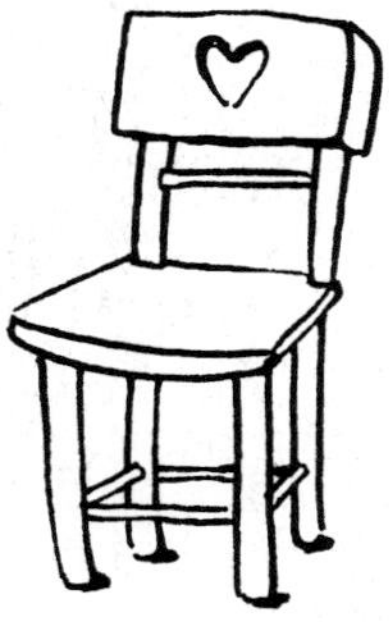

Alfabeto de palabras

¿Cuántas palabras españolas conoces?
Escribe tres o cuatro palabras españolas para cada letra del alfabeto.

A ______________________________

B ______________________________

C ______________________________

CH ______________________________

D ______________________________

E ______________________________

F ______________________________

G ______________________________

H ______________________________

I ______________________________

J ______________________________

K ______________________________

L ______________________________

Ll ______________________________

M ______________________________

N ______________________________

O ______________________________

P ______________________________

Q ______________________________

R ______________________________

S ______________________________

T ______________________________

U ______________________________

V ______________________________

WX ______________________________

YZ ______________________________

La palabra «decir»

1. Busca las palabras siguientes.

repetir – contar – adicionar – instruir – contestar – deletrear – llamarse – hablar – decir – describir – preguntar – llorar – gritar – informar – enterarse – mencionar – gruñir – susurrar – murmurar

A	D	R	C	L	L	R	A	N	O	I	C	I	D	A	U
T	R	R	U	I	F	S	D	E	S	C	R	I	B	I	R
I	S	E	V	G	M	N	G	F	D	G	A	E	P	J	O
H	R	O	P	R	A	M	A	L	L	R	R	C	T	R	U
A	A	R	C	I	L	U	I	P	L	A	R	U	M	D	I
B	R	I	D	T	T	E	G	R	A	E	E	R	Ñ	A	G
L	U	U	G	A	R	I	U	E	M	R	L	R	C	I	A
A	M	R	I	R	D	A	R	G	A	T	L	A	I	S	R
R	R	T	C	O	N	I	D	U	R	E	O	N	O	U	N
H	U	S	A	B	C	L	E	N	S	L	R	O	T	S	C
I	M	N	F	E	M	A	L	T	E	E	A	I	B	U	R
N	T	I	D	O	R	R	H	A	G	D	R	C	I	R	A
E	N	T	E	R	A	R	A	R	B	L	A	N	R	R	T
U	R	A	T	S	E	T	N	O	C	C	R	E	D	A	N
I	E	N	T	E	R	A	R	S	E	M	F	M	E	R	O
R	A	M	R	O	F	N	I	G	F	A	L	L	S	H	C

2. Usa las palabras. Escribe cinco frases.

3. ¿Sabes la traducción alemana de estas palabras? Si no, busca la traducción en el diccionario (y escríbela al lado de las palabras españolas).

La palabra «decir»

1. Busca las palabras siguientes.

repetir – contar – adicionar – instruir – contestar – deletrear – llamarse – hablar – decir – describir – preguntar – llorar – gritar – informar – enterarse – mencionar – gruñir – susurrar – murmurar

A	D	R	C	L	L	R	A	N	O	I	C	I	D	A	U
T	R	R	U	I	F	S	D	E	S	C	R	I	B	I	R
I	S	E	V	G	M	N	G	F	D	G	A	E	P	J	O
H	R	O	P	R	A	M	A	L	L	R	R	C	T	R	U
A	A	R	C	I	L	U	I	P	L	A	R	U	M	D	I
B	R	I	D	T	T	E	G	R	A	E	E	R	Ñ	A	G
L	U	U	G	A	R	I	U	E	M	R	L	R	C	I	A
A	M	R	I	R	D	A	R	G	A	T	L	A	I	S	R
R	R	T	C	O	N	I	D	U	R	E	O	N	O	U	N
H	U	S	A	B	C	L	E	N	S	L	R	O	T	S	C
I	M	N	F	E	M	A	L	T	E	E	A	I	B	U	R
N	T	I	D	O	R	R	H	A	G	D	R	C	I	R	A
E	N	T	E	R	A	R	A	R	B	L	A	N	R	R	T
U	R	A	T	S	E	T	N	O	C	C	R	E	D	A	N
I	E	N	T	E	R	A	R	S	E	M	F	M	E	R	O
R	A	M	R	O	F	N	I	G	F	A	L	L	S	H	C

2. Usa las palabras. Escribe cinco frases.

P. ej.: Ella habla con Pablo. Describe el dibujo. Contesta la pregunta.

La chica se llama Carmen. Nosotros preguntamos mucho.

3. ¿Sabes la traducción alemana de estas palabras? Si no, busca la traducción en el diccionario (y escríbela al lado de las palabras españolas).

El artículo y el plural

**1. ¿El o la? ¿Los o las?
Escribe el artículo y el plural.**

SINGULAR	PLURAL
______ casa	______
______ perro	______
______ restaurante	______
______ árbol	______
______ ciudad	______
______ coche	______
______ manzana	______
______ limón	______

**2. ¿Un o una? ¿Unos o unas?
Escribe el artículo y el plural.**

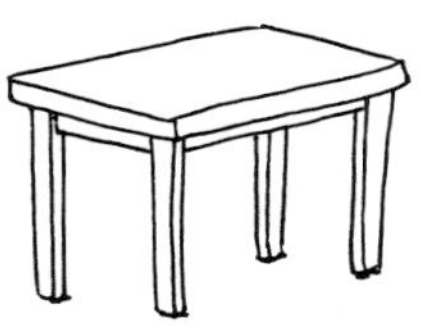

SINGULAR	PLURAL
______ tren	______
______ libro	______
______ chica	______
______ elefante	______
______ televisor	______
______ mesa	______
______ ordenador	______
______ falda	______

El artículo y el plural

**1. ¿El o la? ¿Los o las?
Escribe el artículo y el plural.**

SINGULAR		PLURAL
la	casa	*las casas*
el	perro	*los perros*
el	restaurante	*los restaurantes*
el	árbol	*los árboles*
la	ciudad	*las ciudades*
el	coche	*los coches*
la	manzana	*las manzanas*
el	limón	*los limones*

**2. ¿Un o una? ¿Unos o unas?
Escribe el artículo y el plural.**

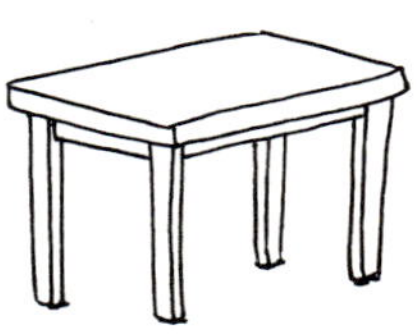

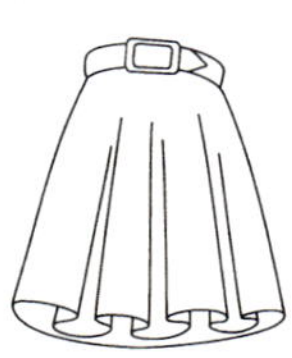

SINGULAR		PLURAL
un	tren	*unos trenes*
un	libro	*unos libros*
una	chica	*unas chicas*
un	elefante	*unos elefantes*
un	televisor	*unos televisores*
una	mesa	*unas mesas*
un	ordenador	*unos ordenadores*
una	falda	*unas faldas*

Una habitación desordenada I

¿Qué ves? ¿Cuántas cosas hay?

Hay dos pelotas de tenis, ______________________________

____

____

____

____

____

También hay una taza, ______________________________

____

____

____

____

____

Una habitación desordenada I

¿Qué ves? ¿Cuántas cosas hay?

Hay dos pelotas de tenis, *tres pósteres, dos lámparas, tres cds, dos bolígrafos, dos libros, cuatro monedas, dos calcetines*

También hay una taza, *una mochila, un zapato, una bota, un cubo de basura, un oso de peluche, un ordenador, una camiseta, una raqueta, una silla, una cama, un tenedor, un cuchillo, una chaqueta, un escritorio, un ratón, un teclado, un despertador, una planta, una ventana.*

Una habitación desordenada II

¿Dónde están las cosas? Usa las expresiones del recuadro.

al lado de – a la derecha de – a la izquierda de – encima de – en – debajo de – delante de – detrás de – enfrente de

1. Contesta las preguntas.

a) ¿Dónde está la taza?

____

b) ¿Dónde están los libros?

____

c) ¿Dónde está la bota?

____

d) ¿Dónde está el cuchillo?

____

e) ¿Dónde está la chaqueta?

____

2. Escribe más frases sobre las cosas en la habitación.

P. ej.: Los pósteres están en la pared.

____

____

____

____

Una habitación desordenada II

¿Dónde están las cosas? Usa las expresiones del recuadro.

al lado de – a la derecha de – a la izquierda de – encima de – en – debajo de – delante de – detrás de – enfrente de

1. Contesta las preguntas.

a) ¿Dónde está la taza?

P. ej.: La taza está a la izquierda del ordenador./La taza está en el escritorio./...

b) ¿Dónde están los libros?

P. ej.: Los libros están al lado de la planta./Los libros están en la ventana./...

c) ¿Dónde está la bota?

P. ej.: La bota está delante de la silla./La bota está en el suelo./...

d) ¿Dónde está el cuchillo?

P. ej.: El cuchillo está debajo de la cama./El cuchillo está a la izquierda del zapato./...

e) ¿Dónde está la chaqueta?

P. ej.: La chaqueta está en la cama./La chaqueta está a la derecha de las monedas./...

2. Escribe más frases sobre las cosas en la habitación.

P. ej.: Los pósteres están en la pared.

La mochila está debajo del escritorio.

La camiseta está a la izquierda del cubo de basura.

B. Penzenstadler: Aprender español – Palabras, gramática y diálogos

¿Qué están haciendo?

1. Mira los dibujos y escribe frases.

a) 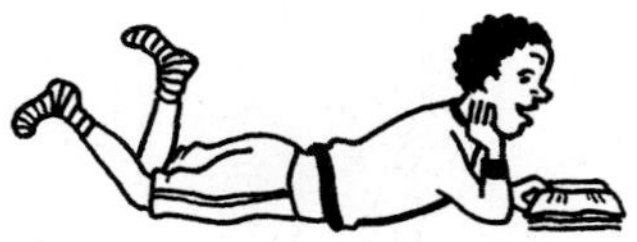

b) 

c) 

d) 

e) 

f) 

g) 

h) 

a) Juan *está leyendo* un libro.

b) Pepe y Carlos *están montando* en bicicleta.

c) Ramón *está trabajando* en el jardín.

d) Pilar *está escuchando* música.

e) Miguel *está jugando* al baloncesto.

f) Pablo *está viendo* la tele.

g) Isabel *está tocando* la guitarra.

h) María *está pintando* un cuadro.

2. Pon el tiempo correcto.

a) Los lunes José y Enrique están jugando/juegan al fútbol.

b) Ahora mi padre está limpiando/limpia su coche.

c) El gato está durmiendo/duerme debajo de la mesa.

d) Los martes Luisa está cantando/canta en un coro.

e) Ahora estoy escribiendo/escribo una carta a mi abuela.

¿Qué están haciendo?

1. Mira los dibujos y escribe frases.

a)
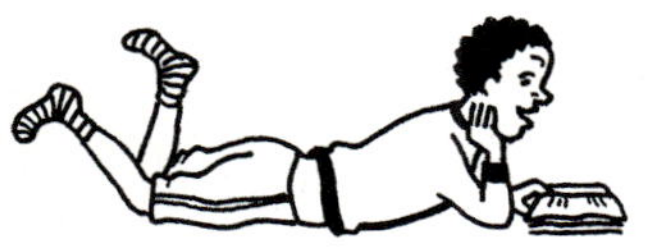

b)

c)

d)

e)

f)

g)

h)

a) Juan *está leyendo* un libro.

b) Pepe y Carlos *están montando* en bicicleta.

c) Ramón *está trabajando* en el jardín.

d) Pilar *está escuchando* música.

e) Miguel *está jugando* al baloncesto.

f) Pablo *está viendo* la tele.

g) Isabel *está tocando* la guitarra.

h) María *está pintando* un cuadro.

2. Pon el tiempo correcto.

a) Los lunes José y Enrique ~~están jugando~~/juegan al fútbol.

b) Ahora mi padre está limpiando/~~limpia~~ su coche.

c) El gato está durmiendo/~~duerme~~ debajo de la mesa.

d) Los martes Luisa ~~está cantando~~/canta en un coro.

e) Ahora estoy escribiendo/~~escribo~~ una carta a mi abuela.

Ser

1. Busca la forma correcta del verbo ser.

- Mi nombre _______ Mike.
- Yo ________ de Alemania.
- La capital de Alemania _______ Berlín.
- Mi profesora ________ la señora Herrera. La señora Herrera _______ de España.
- Martin y Hanna ________ mis padres.
- ¿Tú ________ de Colombia? No, ________ de Perú.
- ¿Vosotros ________ españoles? No, ___________ mexicanos.
- Jorge _______ rubio pero sus hermanas Maite y Elena ________ morenas.
- Vosotros ________ ricos y yo ________ pobre.
- Mis hermanos ________ muy inteligentes.
- El libro _______ muy interesante.
- Marta, tú ________ muy guapa.

2. Formula preguntas y respuestas.

Ejemplo: Rita — Susana

¿Es Rita? — *No, no es Rita. Es Susana.*

a) tú/de Alemania — Alemania

____

b) Pilar/tu hermana — mi prima

____

c) él/de Valencia — de Toledo

____

d) Sara y Carla/guapas — guapas

____

e) vosotros/chilenos — argentinos

____

Ser

1. Busca la forma correcta del verbo ser.

- Mi nombre *es* Mike.
- Yo *soy* de Alemania.
- La capital de Alemania *es* Berlín.
- Mi profesora *es* la señora Herrera. La señora Herrera *es* de España.
- Martin y Hanna *son* mis padres.
- ¿Tú *eres* de Colombia? No, *soy* de Perú.
- ¿Vosotros *sois* españoles? No, *somos* mexicanos.
- Jorge *es* rubio pero sus hermanas Maite y Elena *son* morenas.
- Vosotros *sois* ricos y yo *soy* pobre.
- Mis hermanos *son* muy inteligentes.
- El libro *es* muy interesante.
- Marta, tú *eres* muy guapa.

2. Formula preguntas y respuestas.

Ejemplo: Rita — Susana

¿Es Rita? — *No, no es Rita. Es Susana.*

a) tú/de Alemania — Alemania

¿Eres de Alemania? — *Sí, soy de Alemania.*

b) Pilar/tu hermana — mi prima

¿Pilar es tu hermana? — *No, no es mi hermana. Es mi prima.*

c) él/de Valencia — de Toledo

¿Es de Valencia? — *No, no es de Valencia. Es de Toledo.*

d) Sara y Carla/guapas — guapas

¿Sara y Carla son guapas? — *Sí, son guapas.*

e) vosotros/chilenos — argentinos

¿Sois chilenos? — *No, no somos chilenos. Somos argentinos.*

B. Penzenstadler: Aprender español – Palabras, gramática y diálogos

Ser y estar

1. ¿Ser o estar? Tacha la palabra falsa.

a) Juan está/es en su cuarto.

b) Hoy estoy/soy muy alegre.

c) ¿Quién está/es ese chico?

d) Pepe está/es de México.

e) ¿Cómo estás/eres?

f) Normalmente Marisa está/es muy tranquila pero hoy está/ es muy nerviosa.

g) No he dormido mucho, estoy/soy muy cansado.

h) El libro está/es debajo de la mesa.

j) Jaime está/es escuchando música.

k) Bea está/es la hermana de Miguel.

l) Estoy/Soy enfermo, tengo fiebre.

m) El supermercado está/es al lado del restaurante.

2. Completa las frases con el verbo ser o estar.

a) Ella ______ Elena, ______ una amiga de Raúl.

b) Elena______ de Perú y______ profesora.

c) Los alumnos________ en la clase.

d) Paco______ muy inteligente pero hoy _______un poco cansado.

e) Málaga _______ en el sur de España.______ un país muy bonito.

f) Mis zapatillas_______ muy viejas.

g) Pablo _______ trabajando en el jardín.

h) Nosotros _________ de Alemania.

i) Alemania ______ un país en Europa.

j) Alemania_______ en el centro de Europa.

Ser y estar

1. ¿Ser o estar? Tacha la palabra falsa.

a) Juan está/~~es~~ en su cuarto.

b) Hoy estoy/~~soy~~ muy alegre.

c) ¿Quién ~~está~~/es ese chico?

d) Pepe ~~está~~/es de México.

e) ¿Cómo estás/~~eres~~?

f) Normalmente Marisa ~~está~~/es muy tranquila pero hoy está/~~es~~ muy nerviosa.

g) No he dormido mucho, estoy/~~soy~~ muy cansado.

h) El libro está/~~es~~ debajo de la mesa.

j) Jaime está/~~es~~ escuchando música.

k) Bea ~~está~~/es la hermana de Miguel.

l) Estoy/~~Soy~~ enfermo, tengo fiebre.

m) El supermercado está/~~es~~ al lado del restaurante.

2. Completa las frases con el verbo ser o estar.

a) Ella *es* Elena, *es* una amiga de Raúl.

b) Elena *es* de Perú y *es* profesora.

c) Los alumnos *están* en la clase.

d) Paco *es* muy inteligente pero hoy *está* un poco cansado.

e) Málaga *está* en el sur de España. *Es* un país muy bonito.

f) Mis zapatillas *son* muy viejas.

g) Pablo *está* trabajando en el jardín.

h) Nosotros *somos* de Alemania.

i) Alemania *es* un país en Europa.

j) Alemania *está* en el centro de Europa.

Hay o está/están

1. Completa las frases con hay o está/están.

a) En la mesa _______ un libro.

b) ¿Dónde _______ mi libro?

c) En la clase _______ 24 alumnos y una profesora.

d) ¿Cuántos cuartos _______ en el piso?

e) La cocina _______ a la derecha de la sala.

f) Los taxis _______ delante del cine.

g) ¿Dónde _______ un supermercado?

h) Mirabel y Alonso _______ en un bar.

i) En la clase _______ dos pizarras.

j) ¿Anita, cómo _______ ?

k) ¿Qué _______ en la mesa?

2. Formula frases correctas.

	los futbolistas	en el restaurante?
¿Hay	el señor Ramírez	en la clase?
	los libros	en el parque?
¿Está	un reloj	en el campo de fútbol?
	un cine	en la pared?
¿Están	alumnos	en la mesa?
	la profesora	en la clase?
	un campo de fútbol	en la calle Romana?

Hay o está/están

1. Completa las frases con hay o está/están.

a) En la mesa *hay* un libro.

b) ¿Dónde *está* mi libro?

c) En la clase *hay* 24 alumnos y una profesora.

d) ¿Cuántos cuartos *hay* en el piso?

e) La cocina *está* a la derecha de la sala.

f) Los taxis *están* delante del cine.

g) ¿Dónde *hay* un supermercado?

h) Mirabel y Alonso *están* en un bar.

i) En la clase *hay* dos pizarras.

j) ¿Anita, cómo *estás* ?

k) ¿Qué *hay* en la mesa?

2. Formula frases correctas.

¿Hay	los fútbolistas	en el restaurante?
¿Está	el señor Ramírez	en la clase?
¿Están	los libros	en el parque?
	un reloj	en el campo de fútbol?
	un cine	en la pared?
	alumnos	en la mesa?
	la profesora	en la clase?
	un campo de futból	en la calle Romana?

¿Están las futbolistas en el campo de fútbol?

¿Está el señor Ramírez en el restaurante?

¿Están los libros en la mesa?

¿Hay un reloj en la pared?

¿Hay un cine en la calle Romana?

¿Hay alumnos en la clase?

¿Está la profesora en la clase?

¿Hay un campo de fútbol en el parque?

1. Escribe la forma correcta del verbo ir.

a) Isabel ______ al cine a las ocho y media.

b) Nosotros _________ a la playa.

c) ¿Adónde ______ en tus vacaciones?

d) En mis vacaciones _______ a Gran Canaria.

e) Nuria y Alicia, ¿_______ a casa conmigo?

f) Nuria y Alicia: Sí, _________ a casa contigo.

g) Los chicos _______ al campo de fútbol.

h) Jaime, ¿cuándo _______ al colegio?

i) Jaime: _______ al colegio a las siete y cuarto.

j) La familia Romano ______ al restaurante.

k) Carola y Fernando _______ a la fiesta de Hernán.

2. Formula frases con el verbo ir.

a) yo – a la discoteca

Voy a la discoteca.

b) ellos – a Mallorca

____

c) ¿adónde – vosotros?

____

d) nosotros – a casa de Pilar

____

e) Carlos – al teatro con su novia

____

f) ¿tú – al supermercado?

____

1. Escribe la forma correcta del verbo ir.

a) Isabel *va* al cine a las ocho y media.

b) Nosotros *vamos* a la playa.

c) ¿Adónde *vas* en tus vacaciones?

d) En mis vacaciones *voy* a Gran Canaria.

e) Nuria y Alicia, ¿ *vais* a casa conmigo?

f) Nuria y Alicia: Sí, *vamos* a casa contigo.

g) Los chicos *van* al campo de fútbol.

h) Jaime, ¿cuándo *vas* al colegio?

i) Jaime: *Voy* al colegio a las siete y cuarto.

j) La familia Romano *va* al restaurante.

k) Carola y Fernando *van* a la fiesta de Hernán.

2. Formula frases con el verbo ir.

a) yo – a la discoteca

Voy a la discoteca.

b) ellos – a Mallorca

Van a Mallorca.

c) ¿adónde – vosotros?

¿Adónde vais?

d) nosotros – a casa de Pilar

Vamos a casa de Pilar.

e) Carlos – al teatro con su novia

Carlos va al teatro con su novia.

f) ¿tú – al supermercado?

¿Vas al supermercado?

Tener

1. Escribe la forma correcta del verbo tener.

a) __________ (yo) dos perros.

b) ¿Cuándo __________(vosotros) vacaciones?

c) ____________(nosotros) vacaciones en julio.

d) Pepe _________un póster en su cuarto.

e) Alfonso y Pilar __________dos hijos.

f) ¿ __________ (tú) un hermano?

g) No,__________(yo) una hermana.

h) ____________ (nosotros) muchos discos compactos.

2. Formula las negaciones correspondientes.

- Alba tiene una bicicleta. Alba *no tiene* un coche.
- Tenemos un coche francés. ______________ un coche alemán.
- Señor Costa tiene el pelo negro. ___________ el pelo rubio.
- Tengo un bolígrafo rojo.____________ un bolígrafo verde.
- Mis abuelos tienen un piso.____________ una casa.
- Nuria y Gloria tienen vestidos bonitos. ____________ faldas bonitas.
- David tiene un perro. Alejandro y Diego ____________un perro.

3. Escribe las preguntas.

- *¿Tienes un jardín?*

  Sí, tengo un jardín.
- ______________________________

  No, Julio no tiene un perro.
- ______________________________

  No, Paloma no tiene trece años.
- ______________________________

  Sí, el señor y la señora Domingo tienen una casa.
- ______________________________

  No, no tenemos los deberes.

Tener

1. Escribe la forma correcta del verbo tener.

a) *Tengo* (yo) dos perros.

b) ¿Cuándo *tenéis* (vosotros) vacaciones?

c) *Tenemos* (nosostros) vacaciones en julio.

d) Pepe *tiene* un póster en su cuarto.

e) Alfonso y Pilar *tienen* dos hijos.

f) ¿ *Tienes* (tú) un hermano?

g) No, *tengo* (yo) una hermana.

h) *Tenemos* (nosotros) muchos discos compactos.

2. Formula las negaciones correspondientes.

- Alba tiene una bicicleta. Alba *no tiene* un coche.
- Tenemos un coche francés. *No tenemos* un coche alemán.
- Señor Costa tiene el pelo negro. *No tiene* el pelo rubio.
- Tengo un bolígrafo rojo. *No tengo* un bolígrafo verde.
- Mis abuelos tienen un piso. *No tienen* una casa.
- Nuria y Gloria tienen vestidos bonitos. *No tienen* faldas bonitas.
- David tiene un perro. Alejandro y Diego *no tienen* un perro.

3. Escribe las preguntas.

- *¿Tienes un jardín?*

  Sí, tengo un jardín.
- *¿Julio tiene un perro?*

  No, Julio no tiene un perro.
- *¿Paloma tiene trece años?*

  No, Paloma no tiene trece años.
- *¿El señor y la señora Domingo tienen una casa?*

  Sí, el señor y la señora Domingo tienen una casa.
- *¿Vosotros tenéis deberes?*

  No, no tenemos deberes.

Querer

1. ¿Qué quieren? Escribe frases.

		comer un bocadillo de queso.
Yo		beber un agua mineral.
Tú		bailar en la discoteca.
Juan		tomar una copa de vino tinto.
Anita	**querer**	un pollo y una cerveza.
Nosotros		una camiseta blanca.
Vosotros		viajar a España.
Ellos		un helado grande.
Maite y Pepe		comprar zapatillas negras.
		hablar con María.

P. ej.: Yo quiero hablar con María.

2. Escribe la forma correcta del verbo querer.

a) Juanita __________ comprar una novela de amor.

b) __________ (yo) ser médico.

c) ¿__________ (tú) una coca-cola?

d) No, __________ (yo) un agua mineral.

e) Pablo y Juanita __________ un perro.

f) ¿__________ (vosotros) viajar a España?

g) Sí, __________ (nosotros) viajar a España.

h) Los alumnos no __________ hacer el examen.

i) ¿Qué __________ (tú) hacer?

j) Yo __________ ir al cine.

Querer

1. ¿Qué quieren? Escribe frases.

		comer un bocadillo de queso.
Yo		beber un agua mineral.
Tú		bailar en la discoteca.
Juan		tomar una copa de vino tinto.
Anita	**querer**	un pollo y una cerveza.
Nosotros		una camiseta blanca.
Vosotros		viajar a España.
Ellos		un helado grande.
Maite y Pepe		comprar zapatillas negras.
		hablar con María.

P. ej.: Yo quiero hablar con María. Tú quieres beber un agua mineral.

2. Escribe la forma correcta del verbo querer.

a) Juanita *quiere* comprar una novela de amor.

b) *Quiero* (yo) ser médico.

c) ¿*Quieres* (tú) una coca-cola?

d) No, *quiero* (yo) un agua mineral.

e) Pablo y Juanita *quieren* un perro.

f) ¿*Queréis* (vosotros) viajar a España?

g) Sí, *queremos* (nosotros) viajar a España.

h) Los alumnos no *quieren* hacer el examen.

i) ¿Qué *quieres* (tú) hacer?

j) Yo *quiero* ir al cine.

Verbos diversos

1. En una fiesta. Escribe la forma correcta del verbo.

Mara: Hola, Juan. ¿Cómo __________ (estar)?

Juan: Muy bien, gracias. Mira, allí __________ (venir) mi amiga Britta. Ella ________ (ser) de Alemania, pero ahora __________ (vivir) aquí en Barcelona.

Britta: Buenas noches.

Mara: Buenas noches, Britta. Me __________ (llamar) Mara. ¿Por qué __________ (vivir) en España con tu familia?

Britta: Hola Mara. Mi familia y yo ____________ (vivir) aquí porque mi padre ____________ (trabajar) en una empresa española. Nosotros ____________ (tener) un piso muy bonito cerca de la playa.

Mara: ¿Pero ______________ (entender) español, no?

Britta: Sí, __________ (hablar) español y también inglés.
Y tú, ¿ __________ (saber) idiomas extranjeros?

Mara: Sí, __________ (hablar) inglés también.

Juan: Chicas, ¿__________________ (bailar)?

Mara y Britta: Sí, ¡con mucho gusto!

2. Formula frases con la forma del verbo correspondiente.

Nosotros	trabajar	fruta y verdura en el supermercado?
¿Vosotros	comprar	las vacaciones en Mallorca.
Ellas	pasar	tu libro?
El tren	llegar	música.
Mario y Jaime	comer	en una oficina.
Yo	escuchar	una paella.
¿Tú	buscar	tarde.

Nosotros trabajamos en una oficina. ____________________

____

____

____

____

____

____

Verbos diversos

1. En una fiesta. Escribe la forma correcta del verbo.

Mara: Hola, Juan. ¿Cómo *estás* (estar)?

Juan: Muy bien, gracias. Mira, allí *viene* (venir) mi amiga Britta. Ella *es* (ser) de Alemania, pero ahora *vive* (vivir) aquí en Barcelona.

Britta: Buenas noches.

Mara: Buenas noches, Britta. Me *llamo* (llamar) Mara. ¿Por qué *vives* (vivir) en España con tu familia?

Britta: Hola Mara. Mi familia y yo *vivimos* (vivir) aquí porque mi padre *trabaja* (trabajar) en una empresa española. Nosotros *tenemos* (tener) un piso muy bonito cerca de la playa.

Mara: ¿Pero *entiendes* (entender) español, no?

Britta: Sí, *hablo* (hablar) español y también inglés. Y tú, ¿*sabes* (saber) idiomas extranjeros?

Mara: Sí, *hablo* (hablar) inglés también.

Juan: Chicas, ¿*bailamos/bailáis* (bailar)?

Mara y Britta: Sí, ¡con mucho gusto!

2. Formula frases con la forma del verbo correspondiente.

Nosotros	trabajar	fruta y verdura en el supermercado?
¿Vosotros	comprar	las vacaciones en Mallorca.
Ellas	pasar	tu libro?
El tren	llegar	música.
Mario y Jaime	comer	en una oficina.
Yo	escuchar	una paella.
¿Tú	buscar	tarde.

Nosotros trabajamos en una oficina.

¿Vosotros compráis fruta y verduras en el supermercado?

Ellas pasan las vacaciones en Mallorca.

El tren llega tarde.

Mario y Jaime comen una paella.

Yo escucho música.

¿Tú buscas tu libro?

B. Penzenstadler: Aprender español – Palabras, gramática y diálogos

Verbos reflexivos

1. El día de Carlos.
Busca el verbo adecuado y pon el verbo en la forma correcta.

levantarse – acostarse – lavarse – ducharse – quitarse – despertarse – peinarse – vestirse – irse

a) A las seis y media Carlos ______________ .

b) A las siete menos veinte Carlos ______________ .

c) A las siete menos cuarto Carlos ______________ .

d) A las siete Carlos ______________ el pelo y ____________. Después del desayuno Carlos va al colegio. El colegio termina a las dos.

e) A las dos Carlos ____________ del colegio. Entonces come algo, hace sus deberes y pasa la tarde con amigos. Por la noche cena con la familia y mira la tele.

f) A las nueve ______________ la ropa y ______________ los dientes.

g) A las nueve y media ______________ .

2. Tu día.
Describe la rutina de un día normal en tu vida señalando la hora.

despertarse: *P. ej.: A las siete me despierto.*

levantarse: ______________________________

ducharse: ______________________________

vestirse: ______________________________

irse del colegio: ______________________________

quitarse la ropa: ______________________________

lavarse los dientes: ______________________________

acostarse: ______________________________

Verbos reflexivos

1. El día de Carlos.
Busca el verbo adecuado y pon el verbo en la forma correcta.

levantarse – acostarse – lavarse – ducharse – quitarse – despertarse – peinarse – vestirse – irse

a) A las seis y media Carlos *se despierta*.

b) A las siete menos veinte Carlos *se levanta*.

c) A las siete menos cuarto Carlos *se ducha*.

d) A las siete Carlos *se peina* el pelo y *se viste*. Después del desayuno Carlos va al colegio. El colegio termina a las dos.

e) A las dos Carlos *se va* del colegio. Entonces come algo, hace sus deberes y pasa la tarde con amigos. Por la noche cena con la familia y mira la tele.

f) A las nueve *se quita* la ropa y *se lava* los dientes.

g) A las nueve y media *se acuesta*.

2. Tu día.
Describe la rutina de un día normal en tu vida señalando la hora.

despertarse: *P. ej:. A las siete me despierta.*

levantarse: *... me levanto.*

ducharse: *... me ducho.*

vestirse: *... me visto.*

irse del colegio: *... me voy del colegio.*

quitarse la ropa: *... me quito la ropa.*

lavarse los dientes: *... me lavo los dientes.*

acostarse: *... me acuesto.*

Gustar

1. ¿Gusta o gustan?

a) A mí me ___________ los gatos y los perros.

b) A él no le __________ hacer los deberes.

c) A Juanita le __________ ir al cine.

d) A nosotros no nos ___________ las arañas.

e) A mí no me __________ el zumo de naranja pero me ___________ los zumos de manzana.

f) A Paco no le __________ el café.

g) A ellos no les ___________ las novelas de amor.

h) A Fernando le ___________ los bocadillos de queso pero no le __________ comer los bocadillos de jamón.

2. ¿Y a ti?

a) ¿Qué te gusta? Escribe 4 frases.

____

____

____

____

b) ¿Qué no te gusta? Escribe 4 frases.

____

____

____

____

Gustar

1. ¿Gusta o gustan?

a) A mí me ___*gustan*___ los gatos y los perros.

b) A él no le ___*gusta*___ hacer los deberes.

c) A Juanita le ___*gusta*___ ir al cine.

d) A nosotros no nos ___*gustan*___ las arañas.

e) A mí no me ___*gusta*___ el zumo de naranja pero me ___*gustan*___ los zumos de manzana.

f) A Paco no le ___*gusta*___ el café.

g) A ellos no les ___*gustan*___ las novelas de amor.

h) A Fernando le ___*gustan*___ los bocadillos de queso pero no le ___*gusta*___ comer los bocadillos de jamón.

2. ¿Y a ti?

a) ¿Qué te gusta? Escribe 4 frases.

P. ej.: A mí me gusta jugar al fútbol.

____

____

____

b) ¿Qué no te gusta? Escribe 4 frases.

P. ej.: A mí no me gustan los perros.

____

____

____

¡Mira!

**1. ¿Conoces las instrucciones?
Escribe las letras correctas en la tabla.**

① ¡Cállate!
② ¡Levántate!
③ ¡Abre la ventana!
④ ¡Cierra el libro!
⑤ ¡Siéntate!
⑥ ¡Escribe la palabra!
⑦ ¡Repite la frase!
⑧ ¡Habla más alto!
⑨ ¡Lee el texto!
⑩ ¡Contesta!
⑪ ¡Ven a la pizarra!

a) Schließ das Buch!
b) Lies den Text!
c) Wiederhole den Satz!
d) Komm zur Tafel!
e) Steh auf!
f) Sprich lauter!
g) Antworte!
h) Öffne das Fenster!
i) Sei still!
j) Schreib das Wort!
k) Setz dich hin!

①	②	③	④	⑤	⑥	⑦	⑧	⑨	⑩	⑪

2. Mira los dibujos. ¿Qué tienes que hacer? Usa el imperativo.

¡Levántate!

____

____

____

____

____

3. Escribe más instrucciones.

P. ej.: ¡Levanta la mano! ¡Tócate la nariz! ¡Abre el cuaderno!

____

____

¡Mira!

1. ¿Conoces las instrucciones? Escribe las letras correctas en la tabla.

① ¡Cállate!
② ¡Levántate!
③ ¡Abre la ventana!
④ ¡Cierra el libro!
⑤ ¡Siéntate!
⑥ ¡Escribe la palabra!
⑦ ¡Repite la frase!
⑧ ¡Habla más alto!
⑨ ¡Lee el texto!
⑩ ¡Contesta!
⑪ ¡Ven a la pizarra!

a) Schließ das Buch!
b) Lies den Text!
c) Wiederhole den Satz!
d) Komm zur Tafel!
e) Steh auf!
f) Sprich lauter!
g) Antworte!
h) Öffne das Fenster!
i) Sei still!
j) Schreib das Wort!
k) Setz dich hin!

①	②	③	④	⑤	⑥	⑦	⑧	⑨	⑩	⑪
i	*e*	*h*	*a*	*k*	*j*	*c*	*f*	*b*	*g*	*d*

2. Mira los dibujos. ¿Qué tienes que hacer? Usa el imperativo.

¡Levántate!

¡Escribe en tu cuaderno!

¡Lee la palabra!

¡Abre el libro!

¡Cierra la puerta!

¡Siéntate!

3. Escribe más instrucciones.

P. ej.: ¡Levanta la mano! ¡Tócate la nariz! ¡Abre el cuaderno!

José ha hecho mucho – Perfecto

1. ¿Qué ha hecho José hoy?

hacer – llamar – acostarse – escribir – limpiar – ver – pintar – ducharse

a) A las siete José ______________________ .

b) José ____________________ un cuadro.

c) José ____________________ la ventana.

d) José ____________________ sus deberes.

e) José __________________ la tele.

f) José ____________________ a su amigo Miguel.

g) José ____________________ una carta a su abuela.

h) José ________________________ a las once de la noche.

2. Ordena las frases y escríbelas.

a) [ha] [José] [de] [bocadillo] [comido] [un] [jamón]

____

b) [abierto] [José] [la] [ha] [puerta]

____

c) [José] [ido] [al] [ha] [colegio]

____

d) [se] [con] [José] [Pablo] [ha] [su] [encontrado] [amigo]

____

e) [su] [hablado] [ha] [madre] [José] [con]

____

3. ¿Y qué ha hecho además?

HACOMPRADOUNRAMODEFLORESPARASUNOVIA

____

José ha hecho mucho – Perfecto

1. ¿Qué ha hecho José hoy?

hacer – llamar – acostarse – escribir – limpiar – ver – pintar – ducharse

a) A las siete José *se ha duchado*.
b) José *ha pintado* un cuadro.
c) José *ha limpiado* la ventana.
d) José *ha hecho* sus deberes.
e) José *ha visto* la tele.
f) José *ha llamado* a su amigo Miguel.
g) José *ha escrito* una carta a su abuela.
h) José *se ha acostado* a las once de la noche.

2. Ordena las frases y escríbelas.

a) ha | José | de | bocadillo | comido | un | jamón

José ha comido un bocadillo de jamón.

b) abierto | José | la | ha | puerta

José ha abierto la puerta.

c) José | ido | al | ha | colegio

José ha ido al colegio.

d) se | con | José | Pablo | ha | su | encontrado | amigo

José se ha encontrado con su amigo Pablo.

e) su | hablado | ha | madre | José | con

José ha hablado con su madre.

3. ¿Y qué ha hecho además?

HACOMPRADOUNRAMODEFLORESPARASUNOVIA

Ha comprado un ramo de flores para su novia.

Perfecto

1. Escribe frases.

Hoy yo	escribir	a las seis.
Después de cenar tú	hacer	un bocadillo de queso.
Esta mañana María	levantarse	una película buena.
Alfredo	estar	la puerta.
Nosotros	abrir	una carta.
Este verano vosotros	viajar	los deberes.
Esta semana ella	ver	en Andalucía.
Juan y Carmen	trabajar	al colegio.
A las siete y media yo	ir	en la oficina.
El señor	comer	a España.

Hoy yo he escrito una carta.

2. ¿Y tú? ¿Qué has hecho hoy? Escribe cuatro frases.

Perfecto

1. Escribe frases.

Hoy yo	escribir	a las seis.
Después de cenar tú	hacer	un bocadillo de queso.
Esta mañana María	levantarse	una película buena.
Alfredo	estar	la puerta.
Nosotros	abrir	una carta.
Este verano vosotros	viajar	los deberes.
Esta semana ella	ver	en Andalucía.
Juan y Carmen	trabajar	al colegio.
A las siete y media yo	ir	en la oficina.
El señor	comer	a España.

Hoy yo he escrito una carta.

Después de cenar tú has hecho los deberes.

Esta mañana María se ha levantado a las seis.

Alfredo ha estado en Andalucía.

Nosotros hemos abierto la puerta.

Este verano vosotros habéis viajado a España.

Esta semana ella ha visto una película buena.

Juan y Carmen han trabajado en la oficina.

A las siete y media yo he ido al colegio.

El señor ha comido un bocadillo de queso.

2. ¿Y tú? ¿Qué has hecho hoy? Escribe cuatro frases.

P. ej.: Hoy he bebido un té.

Hoy o ayer – Perfecto o indefinido

Dibuja líneas de ayer al indefinido y de hoy al perfecto.

Ayer Juan

limpió su bicicleta
leyó un libro
ha nadado
no ha ido al trabajo
fue al cine
ha estado muy contento
compró un periódico
ha comprado una revista
jugó al tenis
hizo sus deberes
ha ayudado a su madre
ha escuchado música
comió un bocadillo
miró la tele
visitó a su amiga Ana

Hoy Juan

Hoy o ayer – Perfecto o indefinido

Dibuja líneas de ayer al indefinido y de hoy al perfecto.

Ayer Juan

limpió su bicicleta
leyó un libro
ha nadado
no ha ido al trabajo
fue al cine
ha estado muy contento
compró un periódico
ha comprado una revista
jugó al tenis
hizo sus deberes
ha ayudado a su madre
ha escuchado música
comió un bocadillo
miró la tele
visitó a su amiga Ana

Hoy Juan

Perfecto e indefinido

Escribe frases.

1. INDEFINIDO

a) El mes pasado – yo – viajar a Italia

____

b) ¿Ayer – tú – encontrar tu libro?

____

c) En 2006 – los señores Herrera – estar tres veces en Madrid

____

d) El diez de julio – yo – regresar a Alemania

____

e) ¿Anteayer – vosotros – comprar alimentos en el supermercado?

____

f) En 1492 – Cristóbal Colón – llegar a América Central

____

g) La semana pasada – nosotros – ir al cine con amigos

____

2. PERFECTO

a) Esta mañana – yo – llegar tarde al colegio

____

b) ¿Hoy – tú – visitar a tu abuela?

____

c) Esta tarde – nosotros – jugar al fútbol

____

d) Hace veinte minutos – el tren – salir

____

e) ¿Nunca – vosotros – leer un libro de Cervantes?

____

f) Por la tarde – los chicos – hacer sus deberes

____

Perfecto e indefinido

Escribe frases.

1. INDEFINIDO

a) El mes pasado – yo – viajar a Italia

El mes pasado viajé a Italia.

b) ¿Ayer – tú – encontrar tu libro?

¿Ayer encontraste tu libro?

c) En 2006 – los señores Herrera – estar tres veces en Madrid

En 2006 los señores Herrera estuvieron tres veces en Madrid.

d) El diez de julio – yo – regresar a Alemania

El diez de julio regresé a Alemania.

e) ¿Anteayer – vosotros – comprar alimentos en el supermercado?

¿Anteayer comprasteis alimentos en el supermercado?

f) En 1492 – Cristóbal Colón – llegar a América Central

En 1492 Cristóbal Colón llegó a América Central.

g) La semana pasada – nosotros – ir al cine con amigos

La semana pasada fuimos al cine con amigos.

2. PERFECTO

a) Esta mañana – yo – llegar tarde al colegio

Esta mañana he llegado tarde al colegio.

b) ¿Hoy – tú – visitar a tu abuela?

¿Hoy has visitado a tu abuela?

c) Esta tarde – nosotros – jugar al fútbol

Esta tarde hemos jugado al fútbol.

d) Hace veinte minutos – el tren – salir

Hace veinte minutos el tren ha salido.

e) ¿Nunca – vosotros – leer un libro de Cervantes?

¿Nunca habéis leído un libro de Cervantes?

f) Por la tarde – los chicos – hacer sus deberes

Por la tarde los chicos han hecho sus deberes.

La rutina de Carmen (imperfecto e indefinido)

1. Subraya las formas del presente.

Normalmente Carmen se levanta a las seis y media. Se lava los dientes y se ducha. Después desayuna. A las siete y cuarto sale de la casa y va a la estación de autobuses. Toma el autobús a las siete y media. Llega al colegio a las ocho menos cuarto. El colegio empieza a las ocho. Carmen tiene matemáticas hasta las nueve y media. En el recreo come una manzana y bebe un té. Después del recreo tiene idiomas y ciencias naturales. El colegio termina a la una y media. Carmen va a casa. En casa come algo y hace sus deberes. Después se encuentra con amigos, practica deporte o escucha música. A las siete cena con su familia. Después de la cena mira la tele. A las diez va a su cuarto y se acuesta. A las diez y media Carmen está durmiendo.

2. Ahora Carmen es adulta. Escribe todo el texto en el imperfecto.

Soluciones

1. Subraya las formas del presente.

Normalmente Carmen se levanta a las seis y media. Se lava los dientes y se ducha. Después desayuna. A las siete y cuarto sale de la casa y va a la estación de autobuses. Toma el autobús a las siete y media. Llega al colegio a las ocho menos cuarto. El colegio empieza a las ocho. Carmen tiene matemáticas hasta las nueve y media. En el recreo come una manzana y bebe un té. Después del recreo tiene lenguas y ciencias naturales. El colegio termina a la una y media. Carmen va a casa. En casa come algo y hace sus deberes. Después se encuentra con amigos, practica deporte o escucha música. A las siete cena con su familia. Después de la cena mira la tele. A las diez va a su cuarto y se acuesta. A las diez y media Carmen está durmiendo.

2. Ahora Carmen es adulta. Escribe todo el texto en el imperfecto.

Normalmente Carmen *se levantaba* a las seis y media. *Se lavaba* los dientes y *se duchaba.* Después *desayunaba.* A las siete y cuarto *salía* de la casa e *iba* a la estación de autobuses. *Tomaba* el autobús a las siete y media. *Llegaba* al colegio a las ocho menos cuarto. El colegio *empezaba* a las ocho. Carmen *tenía* matemáticas hasta las nueve y media. En el recreo *comía* una manzana y *bebía* un té. Después del recreo *tenía* idiomas y ciencias naturales. El colegio *terminaba* a la una y media. Carmen *iba* a casa. En casa *comía* algo y *hacía* sus deberes. Después *se encontraba* con amigos, *practicaba* deporte o *escuchaba* música. A las siete *cenaba* con su familia. Después de la cena *miraba* la tele. A las diez *iba* a su cuarto y *se acostaba.* A las diez y media Carmen *estaba* durmiendo.

3. Ayer fue un día diferente. Escribe los verbos en el indefinido.

Ayer Carmen ______________ a las siete. No ____________ los dientes y no __________________ porque no tenía tiempo. Tampoco ______________. A las siete y media__________ de la casa y ________ a la estación de autobuses.__________ el autobús a las ocho menos cuarto.__________ al colegio a las ocho.

Ayer el colegio______________ a las dos. Carmen ________ a casa. En casa _____________ un bocadillo e _________ sus deberes. Después _________ un libro y ____________ la tele. Para la cena ________ con su familia a un restaurante. Allí ____________una paella. Carmen, su hermano Jorge y sus padres_______________ (volver) a casa a la diez y media. Carmen _____________(lavarse) los dientes y ______________ (acostarse).

4. ¿Y tú? ¿Qué hiciste ayer? Escribe seis frases.

____

____

____

____

____

____

____

____

____

____

____

3. Ayer fue un día diferente. Escribe los verbos en el indefinido.

Ayer Carmen *se levantó* a las siete. No *se lavó* los dientes y no *se duchó* porque no tenía tiempo. Tampoco *desayunó*. A las siete y media *salió* de la casa y *fue* a la estación de autobuses. *Tomó* el autobús a las ocho menos cuarto. *Llegó* al colegio a las ocho.

Ayer el colegio *terminó* a las dos. Carmen *fue* a casa. En casa *comió* un bocadillo e *hizo* sus deberes. Después *leyó* un libro y *miró* la tele. Para la cena *fue* con su familia a un restaurante. Allí *comió* una paella. Carmen, su hermano Jorge y sus padres *volvieron* (volver) a casa a la diez y media. Carmen *se lavó* (lavarse) los dientes y *se acostó* (acostarse).

4. ¿Y tú? ¿Qué hiciste ayer? Escribe seis frases.

P.ej.: Ayer fui al cine. Ayer hice mis deberes.

El próximo fin de semana

Alejandro

Patricia

Santos

Lucía

Berto y Sonia

1. ¿Qué van a hacer las personas el próximo fin de semana?

________________ Voy a ver una película en el cine.

________________ Voy a bailar en la discoteca.

________________ Voy a trabajar en el jardín.

________________ Voy a navegar a vela.

________________ Vamos a jugar al baloncesto.

2. Completa las frases.

Alejandro	va a	jugar al baloncesto.
Patricia	va a	navegar a vela.
Santos	van a	ver una película en el cine.
Lucía	va a	trabajar en el jardín.
Berto y Sonia	va a	bailar en la discoteca.

3. Contesta las preguntas

¿Qué va a hacer Alejandro el próximo fin de semana?

____

¿Qué va a hacer Lucía el próximo fin de semana?

____

¿Qué va a hacer Santos el próximo fin de semana?

____

¿Qué van a hacer Berto y Sonia el próximo fin de semana?

____

4. ¿Qué vas a hacer tú el próximo fin de semana?

____

El próximo fin de semana

Alejandro | Patricia | Santos | Lucía | Berto y Sonia

1. ¿Qué van a hacer las personas el próximo fin de semana?

Patricia : Voy a ver una película en el cine.
Lucía : Voy a bailar en la discoteca.
Santos : Voy a trabajar en el jardín.
Alejandro : Voy a navegar a vela.
Berto y Sonia : Vamos a jugar al baloncesto.

2. Completa las frases.

Alejandro	va a	jugar al baloncesto.
Patricia	va a	navegar a vela.
Santos	van a	ver una película en el cine.
Lucía	va a	trabajar en el jardín.
Berto y Sonia	va a	bailar en la discoteca.

3. Contesta las preguntas

¿Qué va a hacer Alejandro el próximo fin de semana?
Va a navegar a vela.

¿Qué va a hacer Lucía el próximo fin de semana?
Va a bailar en la discoteca.

¿Qué va a hacer Santos el próximo fin de semana?
Va a trabajar en el jardín.

¿Qué van a hacer Berto y Sonia el próximo fin de semana?
Van a jugar al baloncesto.

4. ¿Qué vas a hacer tú el próximo fin de semana?

Futuro

1. Formula frases con el futuro (ir a + infinitivo).

a) Mañana Juan	nadar	a un concierto de Manu Chao.
b) A las ocho nosotros	ir	las vacaciones en España.
c) Esta noche yo	bailar	con Pepe y Carmen.
d) El avión	llegar	en la piscina.
e) Tú	tomar	una carta a la abuela.
f) Vosotros	escribir	en la discoteca con amigos.
g) Nosotros	pasar	el tren a las once.
h) Alfonso y Pilar	hablar	en una hora.

a) Mañana Juan va a nadar en la piscina.

2. Formula frases completas con el futuro.

yo – beber	yo – pasar
tú – comer	tú – escribir
él/ella – tomar	él/ella – vivir
nosotros – leer	nosotros – llegar
vosotros – ver	vosotros – bailar
ellos/ellas – ir	ellos/ellas – trabajar

P. ej.: Voy a beber un té.

Futuro

1. Formula frases con el futuro (ir a + infinitivo).

a) Mañana Juan	nadar	a un concierto de Manu Chao.
b) A las ocho nosotros	ir	las vacaciones en España.
c) Esta noche yo	bailar	con Pepe y Carmen.
d) El avión	llegar	en la piscina.
e) Tú	tomar	una carta a la abuela.
f) Vosotros	escribir	en la discoteca con amigos.
g) Nosotros	pasar	el tren a las once.
h) Alfonso y Pilar	hablar	en una hora.

a) Mañana Juan va a nadar en la piscina.

b) A las ocho nosotros vamos a ir a un concierto de Manu Chao.

c) Esta noche yo voy a bailar en la discoteca con amigos.

d) El avión va a llegar en una hora.

e) Tú vas a tomar el tren a las once.

f) Vosotros vais a escribir una carta a la abuela.

g) Nosotros vamos a pasar las vacaciones en España.

h) Alfonso y Pilar van a hablar con Pepe y Carmen.

2. Formula frases completas con el futuro.

yo – beber	yo – pasar
tú – comer	tú – escribir
él/ella – tomar	él/ella – vivir
nosotros – leer	nosotros – llegar
vosotros – ver	vosotros – bailar
ellos/ellas – ir	ellos/ellas – trabajar

Yo voy a beber (un té).	*Yo voy a pasar (las vacaciones en España).*
Tú vas a comer (un bocadillo de queso).	*Tú vas a escribir (una carta).*
Va a tomar (un café).	*Va a vivir (en Barcelona).*
Vamos a leer (un libro).	*Vamos a llegar (a las dos).*
Vais a ver (la tele).	*Vais a bailar (en la discoteca).*
Van a ir (a Madrid).	*Van a trabajar (en el supermercado).*

El tiempo

1. Lee el texto

Buenas noches. El tiempo de Europa.
En Finlandia, Noruega y Suecia hace frío y está nevando. Hace dos grados bajo zero.
En Inglaterra está nublado y lloviendo. Hace poco viento y hace diez grados.
En Alemania hace mal tiempo. Está nublado y lloviendo. Hace nueve grados.
Por la noche hay niebla.
En España e Italia hace buen tiempo. Hace sol y hace dieciocho grados.

2. Contesta las preguntas.

¿Dónde está nublado?

____

¿Qué tal el tiempo en Italia?

____

¿Dónde hace frío?

____

¿Qué hay por la noche en Alemania?

____

3. ¿Qué tal el tiempo?

MÁLAGA

SANTANDER

MADRID

BARCELONA

Málaga: ______________________________
Santander: ______________________________
Madrid: ______________________________
Barcelona: ______________________________

4. ¿Qué tal el tiempo hoy en tu ciudad?

____

El tiempo

1. Lee el texto

Buenas noches. El tiempo de Europa.
En Finlandia, Noruega y Suecia hace frío y está nevando. Hace dos grados bajo zero.
En Inglaterra está nublado y lloviendo. Hace poco viento y hace diez grados.
En Alemania hace mal tiempo. Está nublado y lloviendo. Hace nueve grados.
Por la noche hay niebla.
En España e Italia hace buen tiempo. Hace sol y hace dieciocho grados.

2. Contesta las preguntas.

¿Dónde está nublado?

Está nublado en Inglaterra y Alemania.

¿Qué tal el tiempo en Italia?

En Italia hace buen tiempo. Hace sol y hace dieciocho grados.

¿Dónde hace frío?

Hace frío en Finlandia, Noruega y Suecia.

¿Qué hay por la noche en Alemania?

Por la noche hay niebla.

3. ¿Qué tal el tiempo?

MÁLAGA

SANTANDER

MADRID

BARCELONA

Málaga: *Hace sol./Hace buen tiempo.*

Santander: *Está lloviendo. Hace mucho viento.*

Madrid: *Está nublado.*

Barcelona: *Hace mucho calor. Hace treinta y cinco grados. Hay tormentas.*

4. ¿Qué tal el tiempo hoy en tu ciudad?

Los pronombres posesivos

1. Busca el pronombre posesivo.

- Paco tiene un balón de fútbol. Es ___*su*___ balón de fútbol.
- Miguel y Pepe siempre llevan _______ vaqueros.
- El señor y la señora Sánchez tienen un restaurante. _______ restaurante está en Madrid.
- Vivimos en la calle Romero. ___________casa es muy grande.
- Aquí está el padre de Tomás. _______ nombre es Juan Ramírez.
- La familia Ramírez tiene un gato. _______ nombre es Chiquita.
- Hola chico. ¿Cuál es _______nombre?
- ¿Dónde están tus padres? – _______ padres están en Bilbao.
- Hola chicos, ¿cómo están ___________ padres?
- A mí me gusta mucho _______ gato.
- Jacinto es profesor y _______ mujer también.
- María y Pepe, ¿es bonito __________ pueblo?
- Marita, ¿dónde están mis libros? – _______ libros están en el estante.
- Somos Alfonso y Marta y ___________ padres se llaman Alicia y Jorge.

2. Busca el pronombre posesivo.

- Es mi bolígrafo. Es el ___*mío*___ .
- Es el balón de Ramón. Es el ________.
- Es su falda. Es la ________.
- Es tu libro. Es el________ .
- Son tus padres. Son los_________ .
- Anita y Felipe son mis amigos. Son los ________ .
- Son los cds de Tito. Son los _________.
- ¿Es tu maleta? ¿Es la ________?
- Son nuestras camisetas. Son las ___________.
- Es vuestro hijo. Es el__________ .
- Es mi falda. Es la _______.

Los pronombres posesivos

1. Busca el pronombre posesivo.

- Paco tiene un balón de fútbol. Es ___*su*___ balón de futból.
- Miguel y Pepe siempre llevan ___*sus*___ vaqueros.
- El señor y la señora Sánchez tienen un restaurante. ___*Su*___ restaurante está en Madrid.
- Vivimos en la calle Romero. ___*Nuestra*___ casa es muy grande.
- Aquí está el padre de Tomás. ___*Su*___ nombre es Juan Ramírez.
- La familia Ramírez tiene un gato. ___*Su*___ nombre es Chiquita.
- Hola chico. ¿Cuál es ___*tu*___ nombre?
- ¿Dónde están tus padres? – ___*Mis*___ padres están en Bilbao.
- Hola chicos, ¿cómo están ___*vuestros*___ padres?
- A mí me gusta mucho ___*mi*___ gato.
- Jacinto es profesor y ___*su*___ mujer también.
- María y Pepe, ¿es bonito ___*vuestro*___ pueblo?
- Marita, ¿dónde están mis libros? – ___*Tus*___ libros están en el estante.
- Somos Alfonso y Marta y ___*nuestros*___ padres se llaman Alicia y Jorge.

2. Busca el pronombre posesivo.

- Es mi bolígrafo. Es el ___*mío*___ .
- Es el balón de Ramón. Es el ___*suyo*___ .
- Es su falda. Es la ___*suya*___ .
- Es tu libro. Es el ___*tuyo*___ .
- Son tus padres. Son los ___*tuyos*___ .
- Anita y Felipe son mis amigos. Son los ___*míos*___ .
- Son los cds de Tito. Son los ___*suyos*___ .
- ¿Es tu maleta? ¿Es la ___*tuya*___ ?
- Son nuestras camisetas. Son las ___*nuestras*___ .
- Es vuestro hijo. Es el ___*vuestro*___ .
- Es mi falda. Es la ___*mía*___ .

Los pronombres demostrativos

1. Usa la forma correcta (este, esta, estos, estas)

Singular		Plural	
	*Este libro.*		*Estos libros.*

		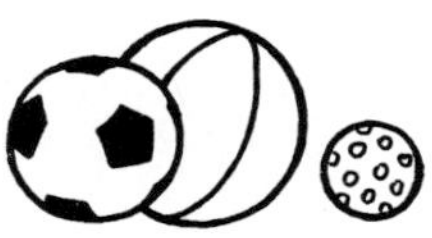	

2. Usa la forma correcta.

este, esta, estos, estas	**ese, esa, esas, esos**	**aquel, aquella, aquellos, aquellas**
________ caja.	________ amiga.	________ chico.
________ bolígrafo.	________ bolso.	________ camisetas me gustan.
________ manzanas.	________ camisa.	________ cuadros son de Picasso.
________ amigos.	________ zapatillas.	________ blusa me gusta.
________ alumnos.	________ primos.	________ montañas son muy altas.
________ cuaderno.	________ perro.	________ chico es muy simpático.
________ comida.	________ casas.	________ lámpara es muy cara.
________ chicas guapas.	________ árboles.	________ aviones son muy grandes.

Los pronombres demostrativos

1. Usa la forma correcta (este, esta, estos, estas)

Singular		Plural	
	*Este libro.*		*Estos libros.*
	*Este coche.*		*Estos coches.*
	*Esta flor.*		*Estas flores.*
	*Este gato.*		*Estos gatos.*
	*Este chico.*		*Estos chicos.*
	*Este balón.*		*Estos balones.*

2. Usa la forma correcta.

este, esta, estos, estas		**ese, esa, esas, esos**		**aquel, aquella, aquellos, aquellas**	
Esta	caja.	*Esa*	amiga.	*Aquel*	chico.
Este	bolígrafo.	*Ese*	bolso.	*Aquellas*	camisetas me gustan.
Estas	manzanas.	*Esa*	camisa.	*Aquellos*	cuadros son de Picasso.
Estos	amigos.	*Esas*	zapatillas.	*Aquella*	blusa me gusta.
Estos	alumnos.	*Esos*	primos.	*Aquellas*	montañas son muy altas.
Este	cuaderno.	*Ese*	perro.	*Aquel*	chico es muy simpático.
Esta	comida.	*Esas*	casas.	*Aquella*	lámpara es muy cara.
Estas	chicas guapas.	*Esos*	árboles.	*Aquellos*	aviones son muy grandes.

B. Penzenstadler: Aprender español – Palabras, gramática y diálogos

El pronombre de objeto directo

Busca el pronombre de objeto directo correcto.

a) ¿Tienes los billetes?

No, no ________ tengo.

b) ¿Conoces a Ana?

Sí, ________ conozco.

c) ¿Necesitamos un coche?

No, no ________ necesitamos.

d) ¿Compras las bebidas?

Sí, ________ compro.

e) ¿Has encontrado mi libro?

No, no ________ he encontrado.

f) He comprado zapatillas nuevas.

¿Dónde ________ has comprado?

g) Ayer vi la película "Shrek".

________ he visto también.

h) ¿Has hecho los deberes?

Sí, ________ he hecho.

i) ¿Tienes un regalo para Ana?

No, todavía no ________ tengo.

j) ¿Vas a hacer las compras?

Sí, ________ hago en una hora.

El pronombre de objeto directo

Busca el pronombre de objeto directo correcto.

a) ¿Tienes los billetes?

No, no ___*los*___ tengo.

b) ¿Conoces a Ana?

Sí, ___*la*___ conozco.

c) ¿Necesitamos un coche?

No, no ___*lo*___ necesitamos.

d) ¿Compras las bebidas?

Sí, ___*las*___ compro.

e) ¿Has encontrado mi libro?

No, no ___*lo*___ he encontrado.

f) He comprado zapatillas nuevas.

¿Dónde ___*las*___ has comprado?

g) Ayer vi la película "Shrek".

___*La*___ he visto también.

h) ¿Has hecho los deberes?

Sí, ___*los*___ he hecho.

i) ¿Tienes un regalo para Ana?

No, todavía no ___*lo*___ tengo.

j) ¿Vas a hacer las compras?

Sí, ___*las*___ hago en una hora.

El pronombre de objeto indirecto

me
te
le
nos
os
les

1. Busca el pronombre de objeto indirecto correcto.

a) A mí ________ duele la cabeza.

b) A él ________ gusta viajar a España.

c) A Luisa y Marita ________ gusta comer paella.

d) ¿Qué ________ parece a tí?

e) ¿A vosotros ________ gusta beber zumo de naranja?

f) ¿Qué ________ compras a tu padre?

g) Paco, ¿a tí ________ gusta la canción?

h) A Ana y su amiga ________ pregunta muchas cosas.

i) A Lola y a mí ________ encantan las películas de amor.

2. Escribe frases completas.

a) a mí – gustar – ir al cine

A mí me gusta ir al cine.

b) a Marta – encantar – los perros

____

c) a Olga y Elena – gustar – jugar al baloncesto

____

d) ¿qué – a ti – pasar?

____

e) ¿qué – a vosotros – doler?

____

f) a nosotros – doler – la cabeza

____

El pronombre de objeto indirecto

me
te
le
nos
os
les

1. Busca el pronombre de objeto indirecto correcto.

a) A mí *me* duele la cabeza.

b) A él *le* gusta viajar a España.

c) A Luisa y Marita *les* gusta comer paella.

d) ¿Qué *te* parece a tí?

e) ¿A vosotros *os* gusta beber zumo de naranja?

f) ¿Qué *le* compras a tu padre?

g) Paco, ¿a tí *te* gusta la canción?

h) A Ana y su amiga *les* pregunta muchas cosas.

i) A Lola y a mí *nos* encantan las películas de amor.

2. Escribe frases completas.

a) a mí – gustar – ir al cine

A mí me gusta ir al cine.

b) a Marta – encantar – los perros

A Marta le encantan los perros.

c) a Olga y Elena – gustar – jugar al baloncesto

A Olga y Elena les gusta jugar al baloncesto.

d) ¿ qué – a ti – pasar?

¿Qué te pasa?

e) ¿qué – a vosotros – doler?

¿Qué os duele?

f) a nosotros – doler – la cabeza

A nosotros nos duele la cabeza.

Muy y mucho

Subraya la palabra correcta en cada frase. Después dibuja el camino en el mapa.
(Por ejemplo: E 2 significa 2 pasos al este, S 1 significa un paso al sur)

Ahora va al este – si tu puedes.

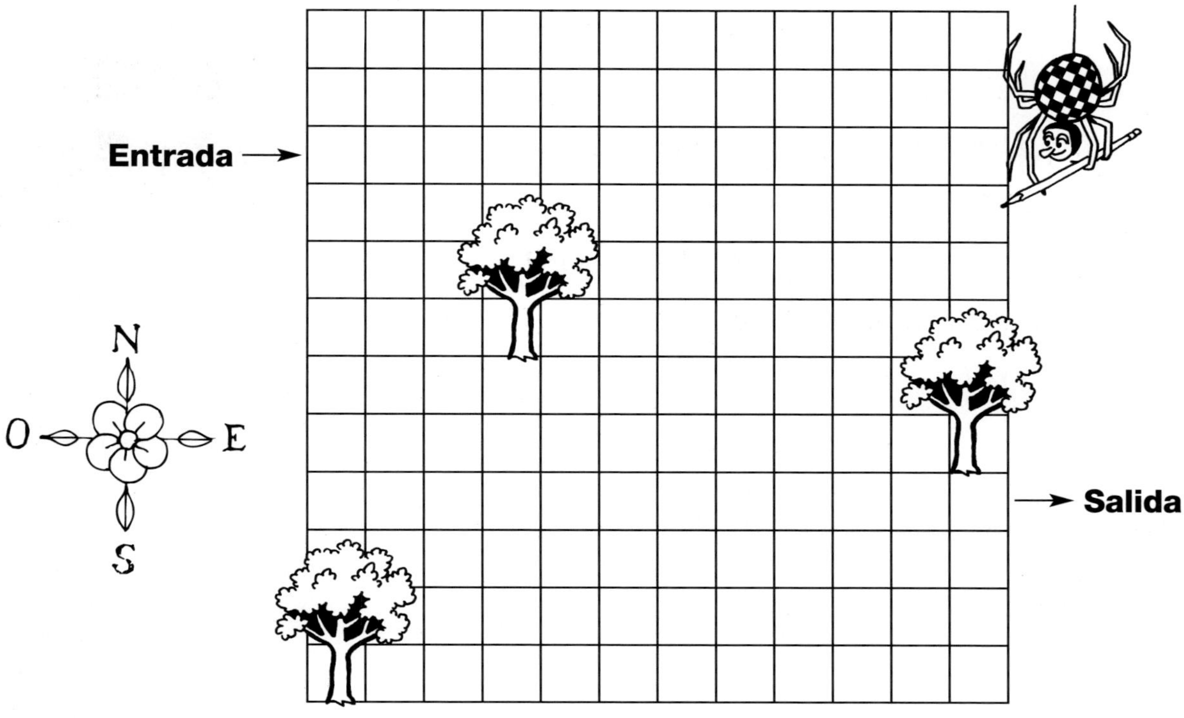

1. Tú trabajas (mucho E3 / muy E2).
2. Estoy (mucho N2 / muy N1) cansado y (mucho E4 / muy E5) triste.
3. Pepe es (mucho E1 / muy E2) gordo.
4. A mí me gusta (mucho S3 / muy S4) ir a los bares. Y en España los bares son (mucho O1 / muy O2) buenos.
5. Hoy no tengo (mucho S1 / muy O2) tiempo.
6. Eres (mucho S2 / muy O2) guapo.
7. La música me gusta (mucho S3 / muy E1).
8. No tengo hambre, por eso no como (mucho O1 / muy S1).
9. Pablo vive (mucho O3/ muy S2) cerca de aquí en una casa que ha costado (mucho E2 / muy O1) dinero.
10. Tú hablas (mucho S1 / muy E3) bien español.
11. Mónica compra (mucho N2 / muy O4) en el supermercado.
12. Hoy ha sido un día (mucho S1 / muy E2) hermoso.

Muy y mucho

Subraya la palabra correcta en cada frase. Después dibuja el camino en el mapa.
(Por ejemplo: E 2 significa 2 pasos al este, S 1 significa un paso al sur)

Ahora va al este – si tu puedes.

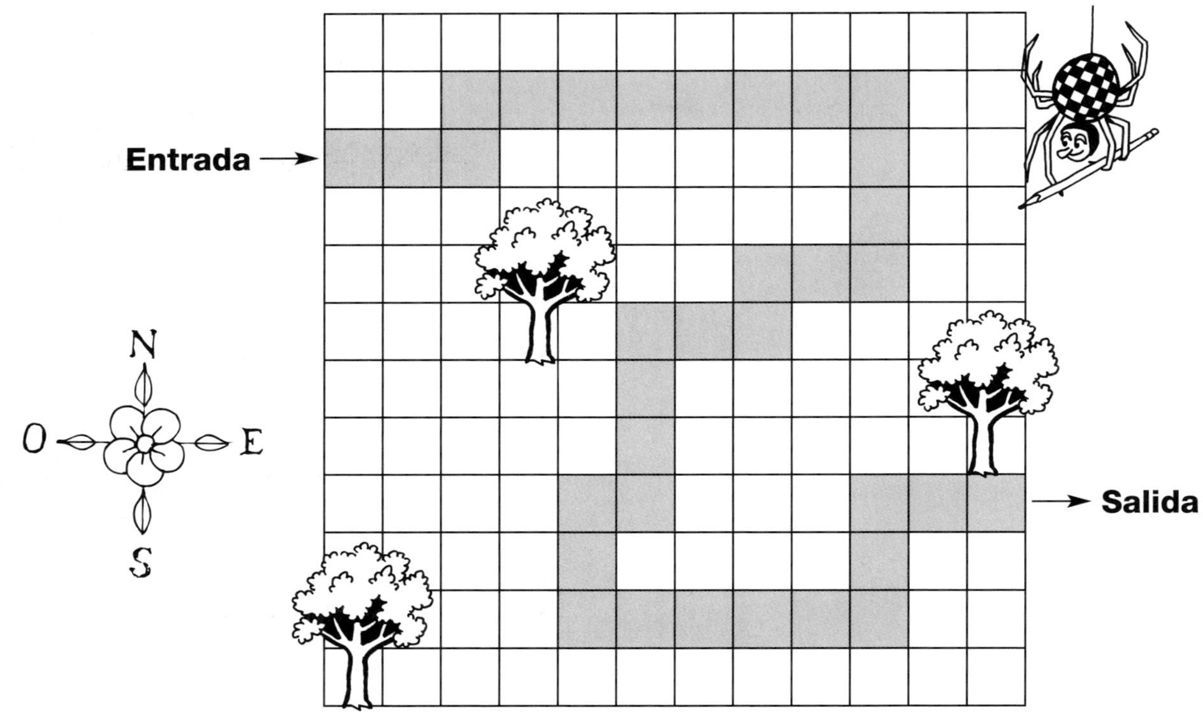

1. Tú trabajas (mucho E3 / muy E2).
2. Estoy (mucho N2 / muy N1) cansado y (mucho E4 / muy E5) triste.
3. Pepe es (mucho E1 / muy E2) gordo.
4. A mí me gusta (mucho S3 / muy S4) ir a los bares. Y en España los bares son (mucho O1 / muy O2) buenos.
5. Hoy no tengo (mucho S1 / muy O2) tiempo.
6. Eres (mucho S2 / muy O2) guapo.
7. La música me gusta (mucho S3 / muy E1).
8. No tengo hambre, por eso no como (mucho O1 / muy S1).
9. Pablo vive (mucho O3/ muy S2) cerca de aquí en una casa que ha costado (mucho E2 / muy O1) dinero.
10. Tú hablas (mucho S1 / muy E3) bien español.
11. Mónica compra (mucho N2 / muy O4) en el supermercado.
12. Hoy ha sido un día (mucho S1 / muy E2) hermoso.

¿Bien o bueno?

1. ¿Buen/o/a/os/as o bien?

a) Esta película no es tan __________ como la otra.

b) Es una __________ idea.

c) Habla __________ francés.

d) El pastel está __________ hecho.

e) Muy __________.

f) Rafael es un __________ padre.

h) Es un __________ libro.

i) Esta falda te queda __________.

j) En Mallorca siempre hace __________ tiempo.

k) Marco y José son __________ amigos.

2. Traduce las frases.

a) Gute Reise. ______________________________

b) Du sprichst gut Spanisch. ______________________________

c) Ich habe einen guten Freund. ______________________________

d) Pepe arbeitet gut. ______________________________

e) Sie hat gute Freundinnen. ______________________________

f) Er kocht sehr gut. ______________________________

g) Das ist eine gute Paella. ______________________________

h) Das ist eine gute Feier. ______________________________

i) Ramón spielt gut Fußball. ______________________________

¿Bien o bueno?

1. ¿Buen/o/a/os/as o bien?

a) Esta película no es tan ___*buena*___ como la otra.

b) Es una ___*buena*___ idea.

c) Habla ___*bien*___ francés.

d) El pastel está ___*bien*___ hecho.

e) Muy ___*bien*___.

f) Rafael es un ___*buen*___ padre.

h) Es un ___*buen*___ libro.

i) Esta falda te queda ___*bien*___.

j) En Mallorca siempre hace ___*buen*___ tiempo.

k) Marco y José son ___*buenos*___ amigos.

2. Traduce las frases.

a) Gute Reise. — *Buen viaje.*

b) Du sprichst gut Spanisch. — *Hablas bien español.*

c) Ich habe einen guten Freund. — *Tengo un buen amigo.*

d) Pepe arbeitet gut. — *Pepe trabaja bien.*

e) Sie hat gute Freundinnen. — *Tiene buenas amigas.*

f) Er kocht sehr gut. — *Cocina muy bien.*

g) Das ist eine gute Paella. — *Es una buena paella.*

h) Das ist eine gute Feier. — *Es una buena fiesta.*

i) Ramón spielt gut Fußball. — *Ramón juega bien al fútbol.*

Adjetivos diversos

1. Escribe la forma correcta del adjetivo.

a) Juan es un chico __________. (guapo)

b) Los libros son __________. (viejo)

c) Tengo __________ faldas. (mucho)

d) La taza está __________. (blanco)

e) Mi padre se ha comprado un coche __________. (grande)

f) Los tomates son muy __________. (barato)

g) La casa es __________. (nuevo)

2. Busca los adjetivos correctos.

moderna – española – barato – caliente – pequeña – largas – negro

a) Mi hija es __________.

b) Tengo un gato __________.

c) La silla es __________.

d) El café está muy __________.

e) Tomar el autobús es más __________ que tomar el taxi.

f) Las piernas de Isabel son __________.

h) Pilar Rogardo es __________.

3. Escribe las frases en el plural.

a) El chico es guapo. *Los chicos son guapos.*

b) La torre es alta. __________

c) El niño es simpático. __________

d) El vestido es azul. __________

e) La chica es inteligente. __________

Adjetivos diversos

1. Escribe la forma correcta del adjetivo.

a) Juan es un chico *guapo*. (guapo)

b) Los libros son *viejos*. (viejo)

c) Tengo *muchas* faldas. (mucho)

d) La taza está *blanca*. (blanco)

e) Mi padre se ha comprado un coche *grande*. (grande)

f) Los tomates son muy *baratos*. (barato)

g) La casa es *nueva*. (nuevo)

2. Busca los adjetivos correctos.

moderna – española – barato – caliente – pequeña – largas – negro

a) Mi hija es *pequeña*.

b) Tengo un gato *negro*.

c) La silla es *moderna*.

d) El café está muy *caliente*.

e) Tomar el autobús es más *barato* que tomar el taxi.

f) Las piernas de Isabel son *largas*.

h) Pilar Rogardo es *española*.

3. Escribe las frases en el plural.

a) El chico es guapo. *Los chicos son guapos.*

b) La torre es alta. *Las torres son altas.*

c) El niño es simpático. *Los niños son simpáticos.*

d) El vestido es azul. *Los vestidos son azules.*

e) La chica es inteligente. *Las chicas son inteligentes.*

Comparaciones y superlativo (parte 1)

1. Escribe los adjetivos que faltan.

	Tito	Hugo	Mario

a)	alto	*más alto*	*el más alto*
b)	simpático		
c)	inteligente		
d)	bueno		
e)	fuerte		
f)	malo en deporte		
g)	delgado		

2. Formula frases con el comparativo y el superlativo.

a) *Tito es alto. Hugo es más alto. Mario es el más alto.*

b) ______________________________

c) ______________________________

d) ______________________________

e) ______________________________

f) ______________________________

g) ______________________________

Comparaciones y superlativo (parte 1)

1. Escribe los adjetivos que faltan.

Tito

Hugo

Mario

	Tito	Hugo	Mario
a)	alto	*más alto*	*el más alto*
b)	simpático	*más simpático*	*el más simpático*
c)	inteligente	*más inteligente*	*el más inteligente*
d)	bueno	*mejor*	*el mejor*
e)	fuerte	*más fuerte*	*el más fuerte*
f)	malo en deporte	*peor en deporte*	*el peor en deporte*
g)	delgado	*más delgado*	*el más delgado*

2. Formula frases con el comparativo y el superlativo.

a) *Tito es alto. Hugo es más alto. Mario es el más alto.*

b) *Tito es simpático. Hugo es más simpático. Mario es el más simpático.*

c) *Tito es inteligente. Hugo es más inteligente. Mario es el más inteligente.*

d) *Tito es bueno. Hugo es mejor. Mario es el mejor.*

e) *Tito es fuerte. Hugo es más fuerte. Mario es el más fuerte.*

f) *Tito es malo en deporte. Hugo es peor en deporte. Mario es el peor en deporte.*

g) *Tito es delgado. Hugo es más delgado. Mario es el más delgado.*

Comparaciones (parte 2)

Ordena las frases.

a) junio / diciembre / hace / en / más / que / en / calor

b) Ana / tan / es / Susana / como / simpática

c) febrero / mes / el / es / corto / más

d) coche / más / bicicleta / es / rápido / que / una / un

e) es / cabaña / más / casa / una / que / una / grande

f) es / Enrique / mayor / Ramón / que

g) fuerte / león / tan / tigre / un / como / un / es

h) menores / María / que / son / Carmela y Marisa

i) es / Joaquín / peor / que / en / Pepe / matemáticas

j) más / el Nilo / largo / mundo / es / río / del / el

k) notas / mejores / la / Lara / las / tiene / de / clase

Comparaciones (parte 2)

Ordena las frases.

a) junio / diciembre / hace / en / más / que / en / calor
En junio hace más calor que en diciembre.

b) Ana / tan / es / Susana / como / simpática
Ana es tan simpática como Susana.

c) febrero / mes / el / es / corto / más
Febrero es el mes más corto.

d) coche / más / bicicleta / es / rápido / que / una / un
Un coche es más rápido que una bicicleta.

e) es / cabaña / más / casa / una / que / una / grande
Una casa es más grande que una cabaña.

f) es / Enrique / mayor / Ramón / que
Enrique es mayor que Ramón./Ramón es mayor que Enrique.

g) fuerte / león / tan / tigre / un / como / un / es
Un tigre/león es tan fuerte como un león/tigre.

h) menores / María / que / son / Carmela y Marisa
Carmela y Marisa son menores que María.

i) es / Joaquín / peor / que / en / Pepe / matemáticas
Pepe/Joaquín es peor en matemáticas que Joaquín/Pepe.

j) más / el Nilo / largo / mundo / es / río / del / el
El Nilo es el río más largo del mundo.

k) notas / mejores / la / Lara / las / tiene / de / clase
Lara tiene las mejores notas de la clase.

Formular frases

Escribe las frases en el orden correcto.

Ejemplo: limpia | ventana | la | está

La ventana está limpia.

1. tiene | muchos | Beatriz | bonitos | vestidos

2. naraja | hay | allí | una | de | botella | zumo | de

3. hace | padre | en | las | supermercado | el | compas | el

4. oficina | señor | trabaja | una | grande | en | Cortés | el

5. deberes | tarde | Juan | ha | sus | esta | no | hecho

6. iglesia | chicos | sacan | de | los | la | fotos

7. revista | abuela | la | una | leyendo | está

8. los | tienen | alumnos | un | examen | que | escribir

9. cuarto | doce | menos | las | son

10. España | capital | Madrid | la | es | de

11. en | nevando | está | hace | la | frío | montaña | y

12. gato | mesa | está | debajo | la | el | de

Formular frases

Escribe las frases en el orden correcto.

Ejemplo: limpia ventana la está

La ventana está limpia.

1. tiene muchos Beatriz bonitos vestidos

   Beatriz tiene muchos vestidos bonitos.

2. naraja hay allí una de botella zumo de

   Allí hay una botella de zumo de naranja.

3. hace padre en las supermercado el compas el

   El padre hace las compras en el supermercado.

4. oficina señor trabaja una grande en Cortés el

   El Señor Cortés trabaja en una oficina grande.

5. deberes tarde Juan ha sus esta no hecho

   Esta tarde Juan no ha hecho sus deberes.

6. iglesia chicos sacan de los la fotos

   Los chicos sacan fotos de la iglesia.

7. revista abuela la una leyendo está

   La abuela está leyendo una revista.

8. los tienen alumnos un examen que escribir

   Los alumnos tienen que escribir un examen.

9. cuarto doce menos las son

   Son las doce menos cuarto.

10. España capital Madrid la es de

    Madrid es la capital de España.

11. en nevando está hace la frío montaña y

    En la montaña hace frío y está nevando.

12. gato mesa está debajo la el de

    El gato está debajo de la mesa.

Hola

1. Lee las respuestas y escribe las preguntas.

Lola: Hola, me llamo Lola.

¿Cómo te llamas tú?

Eva: Me llamo Eva.

Lola: ______________________

Eva: Tengo doce años.

Lola: ______________________

Eva: Soy de Barcelona.

Lola: ______________________

Eva: Vivo en la Calle Navarro.

Lola: ______________________

Eva: Sí, tengo un hermano y una hermana.

Lola: ______________________

Eva: Mis pasatiempos favoritos son leer, escuchar música e ir al cine.

Lola: ______________________

Eva: Mi deporte favorito es montar a caballo.

Lola: ______________________

Eva: Sí, tengo un perro.

Lola: ______________________

Eva: Mi perro se llama Aldo.

Lola: ______________________

Eva: ¿Al fin de semana?, no sé.

Lola: ______________________

Eva: De acuerdo.

2. Ahora tú. Escribe preguntas y respuestas.

1. Lee las respuestas y escribe las preguntas.

Lola: Hola, me llamo Lola.

¿Cómo te llamas tú?

Eva: Me llamo Eva.

Lola: *¿Cuántos años tienes?*

Eva: Tengo doce años.

Lola: *¿De dónde eres?*

Eva: Soy de Barcelona.

Lola: *¿Dónde vives?*

Eva: Vivo en la Calle Navarro.

Lola: *¿Tienes hermanos?*

Eva: Sí, tengo un hermano y una hermana.

Lola: *¿Cuáles son tus pasatiempos favoritos?*

Eva: Mis pasatiempos favoritos son leer, escuchar música e ir al cine.

Lola: *¿Cuál es tu deporte favorito?*

Eva: Mi deporte favorito es montar a caballo.

Lola: *¿Tienes animales?*

Eva: Sí, tengo un perro.

Lola: *¿Cómo se llama tu perro?*

Eva: Mi perro se llama Aldo.

Lola: *¿Qué haces el fin de semana?*

Eva: ¿El fin de semana?, no sé.

Lola: p. ej.: *¿Vamos a la playa? …*

Eva: De acuerdo.

2. Ahora tú. Escribe preguntas y respuestas.

Preguntas y respuestas

1. Escribe las preguntas.

a) ____________________

En la mesa hay tres libros.

b) ____________________

Es Juan.

c) ____________________

Mi cumpleaños es en dos semanas.

d) ____________________

Voy al cine.

e) ____________________

Tengo 14 años.

f) ____________________

Madrid está en el centro de España.

g) ____________________

Voy al colegio en bicicleta.

¿qué?

¿cómo?

¿cuándo?

¿cuántos

¿quién?

¿dónde?

¿adónde?

2. Contesta las preguntas.

a) ¿Cómo estás?

____

b) ¿De dónde eres?

____

c) ¿A qué hora empieza el colegio?

____

d) ¿Quién es tu cantante favorito?

____

e) ¿Adónde vas en tus vacaciones?

____

f) ¿Cuántos alumnos hay en la clase?

____

Preguntas y respuestas

1. Escribe las preguntas.

a) *¿Qué hay en la mesa?*

En la mesa hay tres libros.

b) *¿Quién es?*

Es Juan.

c) *¿Cuándo es tu cumpleaños?*

Mi cumpleaños es en dos semanas.

d) *¿Adónde vas?*

Voy al cine.

e) *¿Cuántos años tienes?*

Tengo 14 años.

f) *¿Dónde está Madrid?*

Madrid está en el centro de España.

g) *¿Cómo vas al colegio?*

Voy al colegio en bicicleta.

¿qué?

¿cómo?

¿cuándo?

¿cuántos

¿quién?

¿dónde?

¿adónde?

2. Contesta las preguntas.

a) ¿Cómo estás?

Estoy muy bien/ mal/....

b) ¿De dónde eres?

Soy de Alemania/ España/...

c) ¿A qué hora empieza el colegio?

El colegio empieza a las ocho/...

d) ¿Quién es tu cantante favorito?

Mi cantante favorito es ...

e) ¿Adónde vas en tus vacaciones?

En mis vacaciones voy a ...

f) *¿Cuántos alumnos hay en la clase?*

En la clase hay ... alumnos.

Clase de palabras

Mira las palabras en la nube. Ordena las palabras y escríbelas en el recuadro correspondiente.

nombres
____
____
____
____
____

verbos
____
____
____
____
____

oír
llevar mucho por
escribir hablar libro
escuchar cantar bonito mesa silla
ver madre lavar poner
problema
sol grande bueno triste ventana
perro delgado sobre vivir fútbol alegre
malo
pequeño rico encima al lado detrás a
en
árbol debajo enfrente delante

adjetivos
____
____
____
____
____

preposiciones
____
____
____
____
____

Clase de palabras

Mira las palabras en la nube. Ordena las palabras y escríbelas en el recuadro correspondiente.

nombres	verbos
mesa, silla, ventana, perro, madre, fútbol, problema, libro, árbol, sol	*ver, oír, lavar, poner, llevar, cantar, escribir, hablar, escuchar, vivir*

adjetivos	preposiciones
bueno, bonito, grande, malo, alegre, delgado, triste, pequeño, mucho, rico	*en, debajo, detrás, encima, al lado, enfrente, sobre, delante, por, a*

En un restaurante

Eva está en un restaurante cerca de Valencia. Tiene mucha hambre.

Camarero: Buenas ________________. ¿Deseas algo para ________________?

Eva: Sí, un ______ de agua, por favor. ¿Y puede traerme la ____________ del menú, por favor?

Camarero: Toma. ¿Qué ________________?

Eva: Por primer ____________ tomo una ___________ de tomate.

Camarero: ¿Algo ___________?

Eva: Sí, por segundo plato _______________ un pollo.

Camarero: ¿Deseas el pollo con patatas fritas ________ con una ensalada?

Eva: Con _____________________ fritas, por favor.

Después de una media hora.

Camarero: ¿Deseas un _____________________?

Eva: ¿Qué ___________?

Camarero: Tenemos flán, crema _______________ y helado.

Eva: Tomo __________ flán y un café solo.

Después de un rato.

Camarero: ¿Te ________ gustado la comida?

Eva: Sí, ha sido muy ___________. (...) ¿Me trae la cuenta, por favor?

Camarero: ___________ 18, 50 euros.

Eva: Tenga, son 20 euros. Gracias. __________________.

Camarero: __________________ gracias. Adiós.

ha – patatas – vaso – carta — plato – más – noches – tomo – o – postre – sopa – un – rico – beber – son – adiós – muchas – catalana – deseas – hay

En un restaurante

Eva está en un restaurante cerca de Valencia. Tiene mucha hambre.

Camarero: Buenas noches. ¿Deseas algo para beber?

Eva: Sí, un vaso de agua, por favor. ¿Y puede traerme la carta del menú, por favor?

Camarero: Toma. ¿Qué deseas?

Eva: Por primer plato tomo una sopa de tomate.

Camarero: ¿Algo más?

Eva: Sí, por segundo plato tomo un pollo.

Camarero: ¿Deseas el pollo con patatas fritas o con una ensalada?

Eva: Con patatas fritas, por favor.

Después de una media hora.

Camarero: ¿Deseas un postre?

Eva: ¿Qué hay?

Camarero: Tenemos flán, crema catalana y helado.

Eva: Tomo un flán y un café solo.

Después de un rato.

Camarero: ¿Te ha gustado la comida?

Eva: Sí, ha sido muy rico. (...)

¿Me trae la cuenta, por favor?

Camarero: Son 18, 50 euros.

Eva: Tenga, son 20 euros. Gracias. Adiós.

Camarero: Muchas gracias. Adiós.

En un restaurante – Juego de rol

Interpreta el diálogo con tu compañero/ tu compañera.

Stell dir vor, du bist Gast in einem Restaurant in Barcelona und der Kellner/die Kellnerin spricht nur Spanisch.

- Begrüßung.
- Bestelle dir etwas zu trinken und frage nach der Speisekarte.
- Du bestellst den ersten Gang.
- Du bestellst auch den zweiten Gang.
- *Du isst.*
- Du fragst, was es als Nachtisch gibt.
- Du möchtest keinen Nachtisch, aber die Rechnung.
- Du bezahlst 16 Euro und verabschiedest dich.

Stell dir vor, du bist Kellner/ Kellnerin in einem Restaurant und dein Gast spricht nur Spanisch.

- Begrüße den Gast und frage, was er zu trinken möchte.
- Du bringst die Karte und das Getränk und fragst den Gast, was er essen möchte.
- Du fragst, ob der Gast noch etwas essen möchte.
- *Du bringst das Essen.*
- Du fragst, ob der Gast Nachtisch möchte.
- Es gibt nur Eis als Nachtisch.
- Du sagst, dass die Rechnung 15 Euro beträgt.
- Du bedankst dich und verabschiedest dich.

En el médico

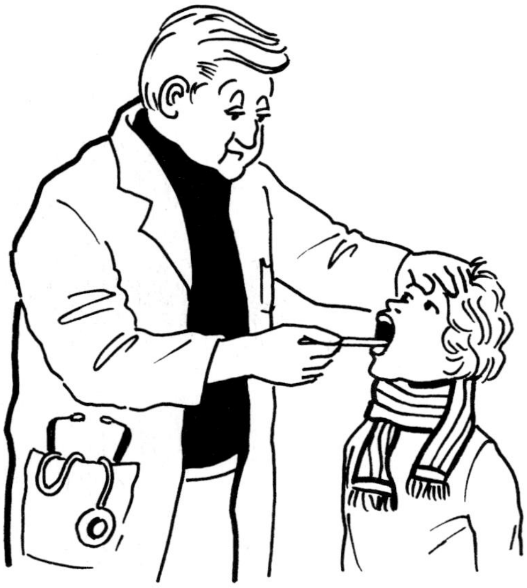

Raúl visita a su tía en Toledo. Cuando llega a casa de su tía su cara está pálida y Raúl se siente mal. Por eso va al médico.

Médico: **¿Qué te pasa?**

Raúl: No sé...

Médico: **¿Puedes describirme tus síntomas?**

Raúl: Tengo dolores de cabeza y de garganta. Pienso que tengo un resfriado.

Médico: **Por favor, abre la boca y di «Ah» ... Ahora voy a tomar la temperatura.**

Raúl: ¿Es algo grave?

Médico: **No, no es nada grave. Tienes una infección de garganta. Te doy una receta. Toma una pastilla tres veces al día y bebe mucho.**

Raúl: Muchas gracias.

Médico: **De nada. ¡Que te mejores!**

En el médico – Frases

Busca las frases españolas y alemanas que encajan.

- [ ] Ich habe Kopf- und Halsschmerzen.
- [ ] Ist es etwas Schlimmes?
- [ ] Vielen Dank.

- [ ] Jetzt messe ich die Temperatur.
- [ ] Nimm dreimal am Tag eine Tablette und trinke viel.
- [ ] Ich gebe dir ein Rezept.

1. ¿Qué te pasa?
2. No sé...
3. ¿Puedes describirme tus síntomas?
4. Tengo dolores de cabeza y de garganta.
5. Pienso que tengo un resfriado.
6. Por favor, abre la boca y di «Ah» ...
7. Ahora voy a tomar la temperatura.
8. ¿Es algo grave?
9. No, no es nada grave.
10. Tienes una infección de garganta.
11. Te doy una receta.
12. Toma una pastilla tres veces al día y bebe mucho.
13. Muchas gracias.
14. De nada. ¡Que te mejores!

- [ ] Ich weiß nicht ...
- [ ] Nein, es ist nicht Schlimmes.
- [ ] Was ist los?
- [ ] Keine Ursache. Gute Besserung!
- [ ] Du hast eine Halsentzündung.
- [ ] Öffne bitte den Mund und sage „Ah".
- [ ] Ich glaube, ich habe eine Erkältung.
- [ ] Kannst du mir deine Symptome beschreiben?

En el médico – Frases

Busca las frases españolas y alemanas que encajan.

4	Ich habe Kopf- und Halsschmerzen.

8	Ist es etwas Schlimmes?

13	Vielen Dank.

1. ¿Qué te pasa?
2. No sé...
3. ¿Puedes describirme tus síntomas?
4. Tengo dolores de cabeza y de garganta.
5. Pienso que tengo un resfriado.
6. Por favor, abre la boca y di «Ah» ...
7. Ahora voy a tomar la temperatura.
8. ¿Es algo grave?
9. No, no es nada grave.
10. Tienes una infección de garganta.
11. Te doy una receta.
12. Toma una pastilla tres veces al día y bebe mucho.
13. Muchas gracias.
14. De nada. ¡Que te mejores!

7	Jetzt messe ich die Temperatur.

2	Ich weiß nicht …

12	Nimm dreimal am Tag eine Tablette und trinke viel.

9	Nein, es ist nicht Schlimmes.

11	Ich gebe dir ein Rezept.

1	Was ist los?

14	Keine Ursache. Gute Besserung!

10	Du hast eine Halsentzündung.

6	Öffne bitte den Mund und sage „Ah".

5	Ich glaube, ich habe eine Erkältung.

3	Kannst du mir deine Symptome beschreiben?

Hacer las compras en el supermercado

Escribe un diálogo.

Tú:	**Frage, wo die Kekse sind.**
Dependiente:	Sage, dass die Kekse sich dort rechts befinden. Frage, ob er/ sie eine große oder eine kleine Packung möchte.
Tú:	**Du möchtest eine große Packung. Du fragst nach dem Preis.**
Dependiente:	Du sagst, dass sie 2,50 Euro kosten.
Tú:	**Du sagst, dass das viel ist und du lieber die kleine Packung nimmst. Du fragst, wo die Kasse ist.**
Dependiente:	Du antwortest, dass er/ sie geradeaus und dann links gehen muss.
Tú:	**Frage, ob es auch Zeitschriften und Zeitungen gibt.**
Dependiente:	Bejahe und sage, dass sie sich neben der Kasse befinden.
Tú:	**Du bedankst dich.**
Dependiente:	Sage, dass es selbstverständlich war.

Interpreta el diálogo con un compañero/una compañera.

Hacer las compras en el supermercado – Juego de rol

Susana está en un supermercado en Madrid. Quiere comprar galletas para su amiga Luisa.

Susana:	**¿Dónde están las galletas, por favor?**
Dependiente:	Las galletas están allí, a la derecha.
	¿Quieres un paquete grande o pequeño?
Susana:	**Un paquete grande, por favor.**
	¿Cuánto cuesta?
Dependiente:	Son 2,50 euros.
Susana:	**Es mucho. Entonces tomo el paquete pequeño.**
	¿Dónde está la caja?
Dependiente:	Ve todo recto y después a la izquierda.
Susana:	**¿También hay revistas y periódicos?**
Dependiente:	Por supuesto. Están al lado de la caja.
Susana:	**Muchas gracias.**
Dependiente:	De nada.

En la estación

Tomás quiere ir en tren de Sevilla a Córdoba.

Dependiente: **Buenos días. ¿Puedo ayudarte?**

Tomás: Sí, deseo un billete a Córdoba, por favor. ¿Cuánto cuesta?

Dependiente: **Un billete de ida cuesta 35 euros.**

Tomás: ¿Cuánto cuesta un billete de ida y vuelta?

Dependiente: **Cuesta solamente 60 euros.**

Tomás: Oh, es menos caro. Entonces tomo un billete de ida y vuelta.

Dependiente: **Toma.**

Tomás: ¿A qué hora sale el tren? ¿Y cuándo llega a Córdoba?

Dependiente: **El tren sale a las ocho y cinco y llega a Córdoba a las diez y media.**

Tomás: ¿Tengo que cambiar de tren?

Dependiente: **No, no tienes que cambiar.**

Tomás: Muchas gracias. Adiós.

Dependiente: **Buen viaje. Adiós.**

En la estación – Diálogo desordenado

Recorta las frases y ordénalas.

Tomás quiere ir en tren de Sevilla a Córdoba.

Dependiente:	No, no tienes que cambiar.
Tomás:	Oh, es menos caro. Entonces tomo un billete de ida y vuelta.
Dependiente:	Toma.
Tomás:	Sí, deseo un billete a Córdoba, por favor. ¿Cuánto cuesta?
Dependiente:	El tren sale a las ocho y cinco y llega a Córdoba a las diez y media.
Tomás:	¿Cuánto cuesta un billete de ida y vuelta?
Dependiente:	Un billete de ida cuesta 35 euros.
Tomás:	Muchas gracias. Adiós.
Dependiente:	Buenos días. ¿Puedo ayudarte?
Tomás:	¿A qué hora sale el tren? ¿Y cuándo llega a Córdoba?
Dependiente:	Buen viaje. Adiós.
Tomás:	¿Tengo que cambiar de tren?
Dependiente:	Cuesta solamente 60 euros.

En la estación – Frases desordenadas

Formula frases.

Dependiente: ayudarte – buenos – puedo – días

Tomás: deseo – a – por – cuánto – un – Córdoba – favor – cuesta – sí – billete

Dependiente: 35 – un – cuesta – ida – euros – de – billete

Tomás: cuánto – un – y – ida – cuesta – billete – de – vuelta

Dependiente: 60 – Cuesta – euros – solamente

Tomás: es – entonces – un – ida – de – tomo – oh – vuelta – caro – billete – menos – y

Dependiente: toma

Tomás: a – y – hora – llega – Córdoba – cuándo – que – sale – llega – tren – el – a

Dependiente: y – el – a – diez – tren – a – ocho – y – las – las – media – Córdoba – llega – cinco – sale – a – y

Tomás: cambiar – que – tren – de – tengo

Dependiente: cambiar – no – que – no – tienes

Tomás: adiós – gracias – muchas

Dependiente: viaje – adiós - buen

En la estación – Compañero/Compañera I

Interpreta el diálogo con tu compañero/tu compañera.

Dependiente:	**Guten Morgen. Kann ich dir helfen?**
Tomás:	Sí, deseo un billete a Córdoba, por favor. ¿Cuánto cuesta?
Dependiente:	**Eine einfache Fahrt kostet 35 Euro.**
Tomás:	¿Cuánto cuesta un billete de ida y vuelta?
Dependiente:	**Das kostet nur 60 Euro.**
Tomás:	Oh, es menos caro. Entonces tomo un billete de ida y vuelta.
Dependiente:	**Bitte sehr./Nimm.**
Tomás:	¿A qué hora sale el tren? ¿Y cuándo llega a Córdoba?
Dependiente:	**Die Bahn fährt um 8.05 ab und kommt in Córdoba um 10.30 an.**
Tomás:	¿Tengo que cambiar de tren?
Dependiente:	**Nein, du musst nicht umsteigen.**
Tomás:	Muchas gracias. Adiós.
Dependiente:	**Gute Reise. Auf Wiedersehen.**

En la estación – Compañero/Compañera II

Interpreta el diálogo con tu compañero/ tu compañera.

Dependiente:	Buenos días. ¿Puedo ayudarte?
Tomás:	**Ja, ich möchte bitte ein Ticket nach Córdoba.**
	Wie viel kostet es?
Dependiente:	Un billete de ida cuesta 35 euros.
Tomás:	**Wie viel kostet eine Hin- und Rückfahrkarte?**
Dependiente:	Son solamente 60 euros.
Tomás:	**Oh, das ist billiger. Dann nehme ich eine Hin- und Rückfahrtkarte.**
Dependiente:	Toma.
Tomás:	**Um wie viel Uhr fährt der Zug ab?**
	Und wann kommt er in Córdoba an?
Dependiente:	El tren sale a las ocho y cinco y llega a Córdoba a las diez y media.
Tomás:	**Muss ich umsteigen?**
Dependiente:	No, no tienes que cambiar.
Tomás:	**Vielen Dank. Auf Wiedersehen.**
Dependiente:	Buen viaje. Adiós.

Comprar ropa

Lee el diálogo.
Completa las frases.

Lola __________ sus vacaciones en Madrid.

Quiere _____________ ropa nueva antes de _____________ a Alemania.

Ahora está en una tienda ________ ropa.

Vendedora:	**Hola. ¿Puedo ayudarte?**
Lola:	No ____________ .

Un poco ____________ :

Lola:	¿Puedo probarme este ________ verde?
Vendedora:	**¡Claro que sí! Los probadores están ______ la derecha.**
Lola:	Gracias. ¿Dónde __________ el espejo?
Vendedora:	**Allí.**
Lola:	El jersey me ___________ mucho. Pero es un poco _____________ .
	¿Tiene un jersey más grande?
Vendedora:	**Sí, un momentito.**

La vendedora trae un jersey más ____________ .

Lola:	¡Perfecto! ¿Y _________ vaqueros azules?
Vendedora:	**Por supuesto. ¿Qué __________ tienes?**
Lola:	La 38.
Vendedora:	**Toma estos vaqueros. ... A ver. ... Muy _________ .**
Lola:	¡Los vaqueros _________ fantásticos! Me llevo el jersey y los vaqueros.
	¿____________ es?
Vendedora:	**El jersey ____________ 20 euros y los vaqueros cuestan 30 euros, __________ 50 euros en total. Pero tenemos rebajas y para toda la ropa hay un descuento de 10 %. Entonces son 45 euros.**
Lola:	¡Estupendo! ____________ gracias por la ayuda.
Vendedora:	**No hay de qué. Adiós.**

Comprar ropa – Huecos

Lola pasa sus vacaciones en Madrid.
Quiere comprar ropa nueva antes de regresar a Alemania.
Ahora está en una tienda de ropa.

Vendedora: **Hola. ¿Puedo ayudarte?**

Lola: No gracias.

Un poco después:

Lola: ¿Puedo probarme este jersey verde?

Vendedora: **¡Claro que sí! Los probadores están a la derecha.**

Lola: Gracias. ¿Dónde está el espejo?

Vendedora: **Allí.**

Lola: El jersey me gusta mucho. Pero es un poco pequeño.
¿Tiene un jersey más grande?

Vendedora: **Sí, un momentito.**

La vendedora trae un jersey más grande.

Lola: ¡Perfecto! ¿Y hay vaqueros azules?

Vendedora: **Por supuesto. ¿Qué talla tienes?**

Lola: La 38.

Vendedora: **Toma estos vaqueros. ... A ver. ... Muy bien.**

Lola: ¡Los vaqueros son fantásticos! Me llevo el jersey y los vaqueros. ¿Cuánto es?

Vendedora: **El jersey cuesta 20 euros y los vaqueros cuestan 30 euros, son 50 euros en total. Pero tenemos rebajas y para toda la ropa hay un descuento de 10 %. Entonces son 45 euros.**

Lola: ¡Estupendo! Muchas gracias por la ayuda.

Vendedora: **No hay de qué. Adiós.**

Comprar ropa – Diálogos desordenados

Ordena las frases.

______	A	¿Puedo probarme este jersey verde?
______	L	Un poco después.
______	O	Por supuesto. ¿Qué talla tienes?
______	M	Me llevo el jersey y los vaqueros. ¿Cuánto es?
______	C	¡Claro que sí! Los probadores están a la derecha.
______	D	Pero tenemos rebajas y para toda la ropa hay un descuento de 10 %.
______	A	Toma estos vaqueros. ...
______	P	El jersey me gusta mucho. Pero es un poco pequeño.
		¿Tiene un jersey más grande?
______	I	¡Estupendo! Muchas gracias por la ayuda.
______	O	Gracias. ¿Dónde está el espejo?
______	A	El jersey cuesta 20 euros y los vaqueros cuestan 30 euros,
		son 50 euros en total.
______	R	¡Perfecto! ¿Y hay vaqueros azules?
______	R	Sí, un momentito.
______	E	A ver. ... Muy bien.
______	P	La 38.
______	D	No hay de qué. Adiós.
______	O	No gracias.
______	R	Entonces son 45 euros.
______	M	Allí.
______	N	¡Los vaqueros son fantásticos!
______	L	Hola. ¿Puedo ayudarte?
______	A	La vendedora trae un jersey más grande.

1	2	3	4		5	6	7	8	9	10		11	12	13	14		15	16		17	18	19	20	21	22
L																									

Comprar ropa – Diálogos desordenados

Ordena las frases.

4	A	¿Puedo probarme este jersey verde?
3	L	Un poco después.
12	O	Por supuesto. ¿Qué talla tienes?
17	M	Me llevo el jersey y los vaqueros. ¿Cuánto es?
5	C	¡Claro que sí! Los probadores están a la derecha.
19	D	Pero tenemos rebajas y para toda la ropa hay un descuento de 10 %.
14	A	Toma estos vaqueros. ...
8	P	El jersey me gusta mucho. Pero es un poco pequeño. ¿Tiene un jersey más grande?
21	I	¡Estupendo! Muchas gracias por la ayuda.
6	O	Gracias. ¿Dónde está el espejo?
18	A	El jersey cuesta 20 euros y los vaqueros cuestan 30 euros, son 50 euros en total.
11	R	¡Perfecto! ¿Y hay vaqueros azules?
9	R	Sí, un momentito.
15	E	A ver. ... Muy bien.
13	P	La 38.
22	D	No hay de qué. Adiós.
2	O	No gracias.
20	R	Entonces son 45 euros.
7	M	Allí.
16	N	¡Los vaqueros son fantásticos!
1	L	Hola. ¿Puedo ayudarte?
10	A	La vendedora trae un jersey más grande.

1	2	3	4		5	6	7	8	9	10		11	12	13	14		15	16		17	18	19	20	21	22
L	*O*	*L*	*A*		*C*	*O*	*M*	*P*	*R*	*A*		*R*	*O*	*P*	*A*		*E*	*N*		*M*	*A*	*D*	*R*	*I*	*D*

Comprar ropa

Aprende el diálogo de memoria.

Vendedora:	**Hola. ¿Puedo ayudarte?**
Lola:	Sí, busco una falda blanca.
Vendedora:	**¿Qué talla tienes?**
Lola:	La 38.
Vendedora:	**Toma esta falda. Los probadores están a la izquierda.**
Lola:	Gracias. .... La falda es demasiado grande. ¿Hay una falda más pequeña?
Vendedora:	**Sí, un momentito.**
Lola:	Ah, esta falda es mejor. Me llevo la falda. ¿Cuánto cuesta?
Vendedora:	**La falda cuesta 15 euros.**

Juego de palabras y grámatica

Se necesitan:

- un dado
- fichas diferentes
- el tablero
- las cartas

Así se empieza

Cada persona elige una ficha y la pone en la casilla «Entrada».
Después hay que tirar los dados.
La persona con el número más alto empieza. Baraja las cartas y ponlas junto al tablero.

Así se juega

?	Toma una carta y contesta. Contesta en frases completas. Si no tienes la respuesta correcta tienes que pasar un turno.
¡Lo siento!	Vuelve a la punta de la flecha.
¡Qué suerte!	Mueve tu ficha a la punta de la flecha.

¿Quién ha ganado el juego?

La persona que pasa por primer la salida ha ganado el juego.

¡Que te diviertas!

Juego de palabras y grámatica (el tablero)

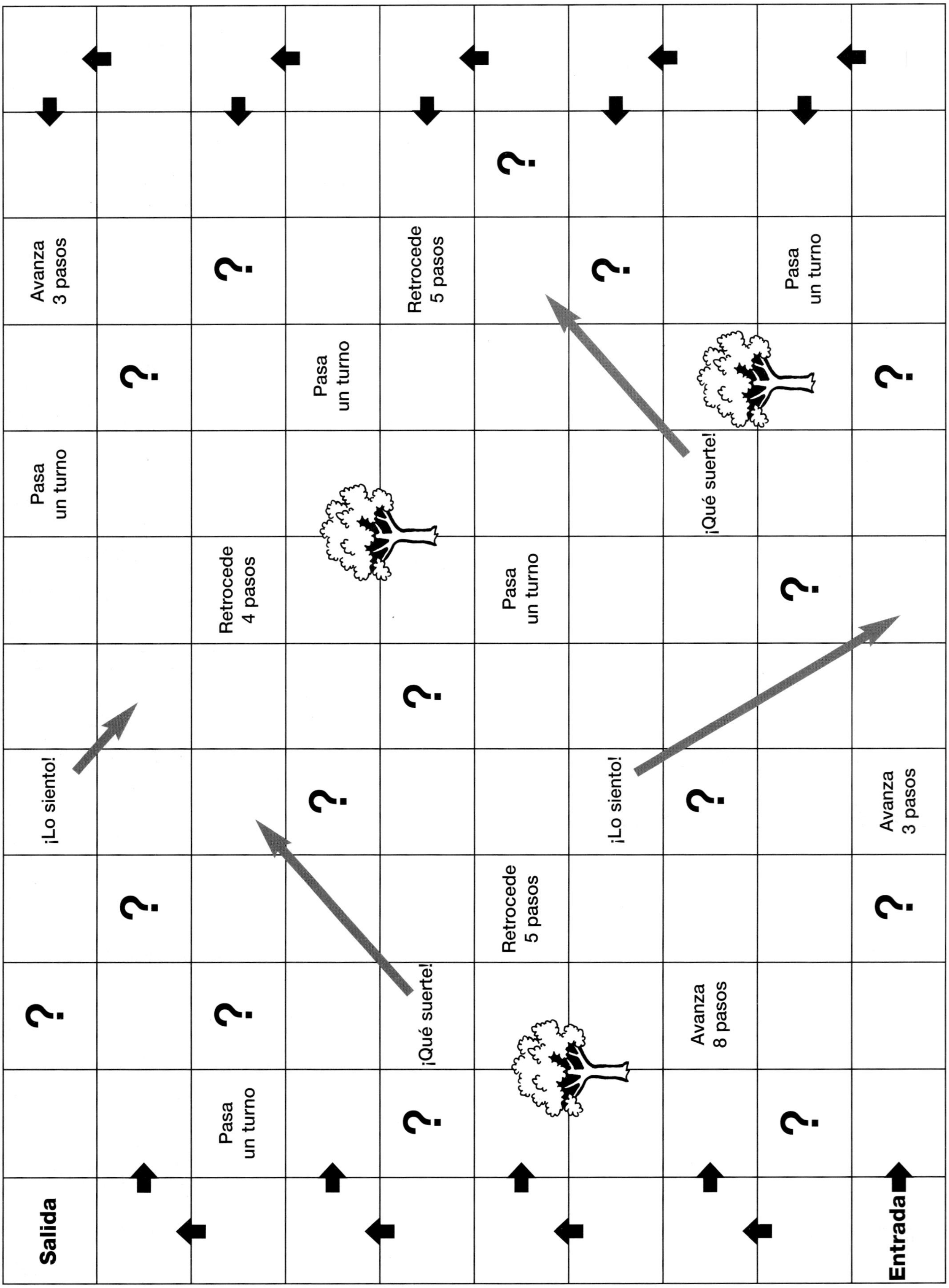

Juego de palabras y grámatica (cartas, anverso)

El día entre martes y jueves es ...	El número entre seis y ocho es ...	¿Qué hay en tu estuche?
¿Qué has hecho esta mañana?	¿Cuál es tu canción favorita?	¿Vas en autobús al colegio?
¿Cuál es tu animal favorito?	¿Qué tal el tiempo?	¿Conoces España?
¿Cuántos años tienes?	¿Cómo te llamas?	¿De dónde eres?
Hoy es viernes. ¿Qué día es mañana?	Una prenda para las piernas.	Una prenda para los pies.
¿Qué color tiene el sol?	¿Cómo se llama la capital de España?	Un nombre español.

Juego de palabras y grámatica (cartas, dorso)

Hay bolígrafos .../ Hay un rotulador ...	El número es siete.	El día es miércoles.
No, no voy en autobús. Sí, voy en autobús.	Mi canción favorita es ...	Me he levantado./ Me he duchado./ He desayunado. etc
Sí, conozco España. No, no conozco España.	Hace mal tiempo./ Hace frío./ Hace sol. etc.	Mi animal favorito es ...
Soy de ...	Me llamo ...	Tengo ... años.
Una prenda para los pies son zapatos/ calcetines/zapatillas/ botas.	Una prenda para las piernas son vaqueros/ pantalones/faldas.	Mañana es sábado.
Un nombre español es Carmen/Pepe/ José/María etc.	La capital de España se llama Madrid.	El sol es amarillo.

La hermana
de tu madre
es tu ...

La madre
de tu padre
es tu ...

El hijo
de tu madre
es tu ...

¿Qué hay en
un restaurante?

El comparativo
de malo es ...

El comparativo
de bueno es ...

El comparativo
de grande es ...

COMODÍN

COMODÍN

COMODÍN

COMODÍN

COMODÍN

Tres verduras.

Tres frutas.

¿Qué ropa
llevas hoy?

¿Cuál es tu
deporte favorito?

Dos productos
lácteos.

¿Tres bebidas?

El hijo de mi madre es mi hermano.	La madre de mi padre es mi abuela.	La hermana de mi madre es mi tía.
El comparativo de bueno es mejor.	El comparativo de mal es peor.	En un restaurante hay sillas, mesas, camareros etc.
		El comparativo de grande es más grande/mayor.
Hoy llevo una camiseta, una sudadera, zapatillas etc.	p. ej.: manzana, fresa, plátano, uva etc.	p. ej.: judías, guisantes, pimiento, patatas etc.
p. ej.: Puedo beber café, limonada, coca-cola, leche etc.	p. ej.: mantequilla, leche, queso etc.	Mi deporte favorito es …

Traduce: „Es ist zwölf Uhr."	Traduce: „Wie viel Uhr ist es?"	Traduce: die Katze
Traduce: „wollen, mögen"	Convierte en el perfecto: yo escribo	Convierte en el perfecto: Tú vas.
Convierte en el perfecto: Juan hace sus deberes.	Convierte en el perfecto: Bebemos un té.	¿Qué parte del cuerpo necesitas para oler?
¿Qué parte del cuerpo necesitas para hablar?	¿Qué parte del cuerpo necesitas para oír?	¿Qué parte del cuerpo necesitas para ver?
El verbo ir: ellos/ellas ________	El contrario de barato es ...	El verbo hacer: yo ________
El contrario de rico es ...	El contrario de bonito es ...	El verbo tener: tú ________

el gato	¿Qué hora es?	Son las doce.
Tú has ido.	yo he escrito	querer
Necesito la nariz.	Hemos bebido un té.	Juan ha hecho sus deberes.
Necesito los ojos.	Necesito las orejas.	Necesito la boca.
yo hago	El contrario de barato es caro.	ellos/ellas van
tú tienes	El contrario de bonito es feo.	Es pobre.